阅读，让数学更有趣味

赵翠 主编

湘潭大学出版社
XIANGTAN UNIVERSITY PRESS

图书在版编目（CIP）数据

阅读，让数学更有趣味 / 赵翠主编. -- 湘潭 : 湘潭大学出版社, 2024.4
ISBN 978-7-5687-1414-3

Ⅰ. ①阅… Ⅱ. ①赵… Ⅲ. ①小学数学课－教学参考资料 Ⅳ. ①G623.503

中国国家版本馆CIP数据核字（2024）第064743号

阅读，让数学更有趣味

YUEDU, RANG SHUXUE GENG YOU QUWEI

赵翠 主编

责任编辑：肖　萑
封面设计：悟阅文化
出版发行：湘潭大学出版社
社　　址：湖南省湘潭大学工程训练大楼
电　　话：0731-58298960 0731-58298966（传真）
邮　　编：411105
网　　址：http://press.xtu.edu.cn/
印　　刷：成都市兴雅致印务有限责任公司
经　　销：湖南省新华书店
开　　本：710 mm×1000 mm 1/16
印　　张：8
字　　数：170千字
版　　次：2024年4月第1版
印　　次：2024年4月第1次印刷
书　　号：ISBN 978-7-5687-1414-3
定　　价：68.00元

编委会

主　编：赵　翠

副主编：陈晓慧　刘　斐　卞君英　谢文秀
康　洁　李　娟　朱荣梅

序

读出数学的味道

济南市莱芜区汶源学校　赵　翠

“数学是思维的体操。”加里宁说，“数学是培养人的逻辑思维能力的关键，它将影响人在生活处事中的逻辑性和分析解决问题的能力。”这句话道出了数学的真谛，与《数学课程标准》提出的能力培养目标一脉相承。即培养学生的应用、探究、解决问题与阅读等综合能力。

数学阅读读什么？怎么读？几年来，我们借助“小学数学阅读能力培养的实践研究”课题，旨在拓展阅读渠道，引领学生进行数学阅读，既能读出数学味道，更能提升学生的数学思维品质。

诚然，数学阅读是思维的源泉，与数学思维和逻辑同生共长。古代数学中的“鸡兔同笼”“韩信点兵”“蜗牛爬井”“巧分银子”，不都是有趣的生活故事、有情景的阅读材料吗？读题入境，读题解题，正是数学阅读的核心。

读出数学的味道，读懂数学思维。现阶段的数学阅读活动，依据课程标准，顺应时代背景，立足生活实际，引导学生解决现实问题，探究解题思路，提升思维逻辑，高效运用数学语言，实现高质量数学学科教学，是提升学生数学综合能力最直接的高效途径。“小学数学阅读能力培养的实践研究”实验课题，我们精选教育教学骨干，制定实验目标，选取阅读资源，优化课堂教学，打磨研讨课例，探索实验方法，整理实验数据，打造数学阅读教学共同体，通过高效的数学阅读，实现数学语言所能达到的“最高境界”，切实提升学生的数学综合思维能力。

读出数学的味道，拓展数学视野。通过引导学生阅读图画、文字、图表、公式、数学趣味故事，甚至时事信息，钻研、领会并透彻理解数学知识，从而提高学生对数学信息的敏感性，运用数学语言获取信息的主动性，提升表达分析提取信息的有效性。如，不管是当前社会热点分析与数据，还是生活中感兴趣的小猪佩奇数学故事，利用它们的广泛性、代表性、典型性，引导学生深度阅读，激发学生的学习兴趣，为学生终身数学学习打下基础。

读出数学的味道，打通逻辑脉络。数学阅读，力求通过情境式的阅读，启动学生的脑思维，打开学生数学脑思维的开关。在数学阅读实践中，引领学生将一个个知识点串联起来，变成一条条知识的链条。并通过一条条知识的链条，形成知识的网络化，构建数学知识体系。要打通学生数学逻辑的脉络，引导学生在阅读过程中，实现数学知识与思维由点到线、由线到面、由面到体的协作化与系统化，畅通联想、辨别、判断、概括、推理、逻辑思维的脉络，进一步实现层次性、梯度式的构建。

最是阅读能致远。数学阅读立足学科定位，由体验到思维，真正让学生切身经历着“思维的体操”。作为实验课题的探索者、执行者，我们将精研精进，强化课题的研究实践，在磨砺中共成长，实现教育思想和能力提升的螺旋式发展与协同共进！

创设情境，开启阅读，走进数学，让思维的体操在阅读中“活”起来。

目录

导论

理论探索

教学课例

导　论

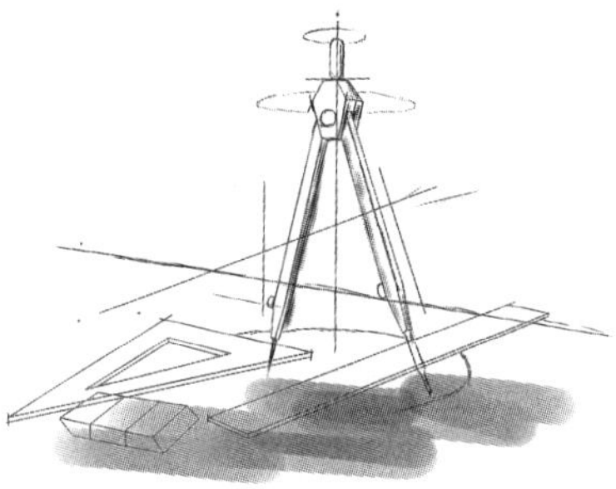

课题研究导论

济南市莱芜区汶源学校　朱荣梅

一、研究背景

阅读作为人类社会生活的一项重要活动，是人类获得知识的主要手段和认识世界的重要途径。

数学是一门科学，是一种语言，更是一种文化。数学阅读作为数学教育的组成部分，首先有利学生的数学发展，同时也促进学生在其他方面的发展，为学生终身发展奠定了良好基础。世界各国有一些成功的数学阅读教学改革，但当前数学教育中仍未引起足够的重视。一直以来，数学教师重视钻研教材，把学生做习题当作硬任务，而忽视了学生阅读教材、理解教材，忽视对学生数学阅读能力的培养和提升。

1999年邵光华老师在《数学通报》上发表《数学阅读——现代数学教育不容忽视的课题》一文，对数学阅读开始关注和研究。至今有关数学阅读能力提升的话题一直持续着，这些研究有来自数学教育家的，也有来自数学教育一线教师的。

新的数学课程标准强调：注重学生多种能力素养的提升，其中包括数学阅读能力、数学应用能力和数学探究能力。因此在小学数学教学中重视数学阅读，培养学生良好的数学阅读习惯和提升学生的数学阅读能力，成为小学数学教学改革的必然趋势。

二、研究目的

一是培养学生数学阅读的兴趣，培养阅读习惯，指导学生数学阅读的方法，发挥数学阅读的教学功能，培养和提高学生数学阅读能力，增强学生独立获取知识的能力；二是通过课题研究，研究数学阅读课堂教学模式，开发数学阅读课程，丰富数学阅读教学的操作策略，从而更有效地利用教材及阅读资源，在阅读中培养学生自主学习的意识和能力，突出学生的主体地位。

三、概念界定

美国著名心理学家布龙菲尔德说：“数学不过是语言所能达到的最高境界。”苏联数学教育家斯托利亚尔说：“数学教学也就是数学语言的教学。”这就是数学阅读的由来。

数学阅读是学生个体根据已有的知识和经验，通过阅读数学资料构建数学意义和方法的学习活动，是学生主动获取信息、增长知识以及发展数学思维、学习数学语言的学习过程。数学阅读过程同一般阅读过程一样，也是一个完整的心理活动过程，包含对语言符号（文字、数学术语、公式、数学符号、图表等）的感知和认读、新概念的同化和顺应、阅读材料的理解和应用等各种心理活动。同时，它还是一个不断假设、推理、想象、证明的积极能动的认知过程。

数学阅读能力是顺利完成数学阅读任务的复杂心理特征的总和，是在阅读数学材料时表现出来的一种包括对数学语言的操作、思维、联想、辨别、概括、运算、推理、反省以及分析问题和解决问题的综合能力。实践研究是指在实践中进行研究，取得实际效果，教学的本质就是实践。

小学生数学阅读能力提升的实践研究是以课内外数学阅读资源为载体，以数学课堂教学为主要路径，提升小学生数学阅读能力的相关研究，以点带面，探索提升学生数学阅读能力的方式和途径。

四、研究内容

（一）数学阅读课程内容研发

课程研发主要从三方面着手。

首先，针对教科书的阅读和理解，充分利用教科书的阅读价值。根据教材内容，确定教材中哪些内容需要读，在什么时间读，读什么，并有意识、有针对性地渗透阅读方法指导；并在学生充分自学教材的基础上，组织学生交流。教师在学生困惑处释疑，在知识关键处追问，并引导学生学会从教材中寻找答案，学会用自己的话去解释抽象的数学语言。

其次，将教材中编排的“你知道吗”等内容拓展阅读。专门开辟“你知道吗”栏目进行着重体现，有数学历史材料、数学背景知识、数学的生活应用、数学家的励志故事等，以激发学生对数学学习的兴趣，开阔学生的视野，引导学生充分感受数学文化的魅力。

最后，课外数学阅读材料的补充。数学阅读不只包括对数学教材的阅读，还包括对与数学有关的科普知识及课外材料的阅读。一堂课的教学时间毕竟是有限的，可以在课后阅读进行无限延伸。

通过开发内容丰富的数学阅读课程，激发学生学习数学的兴趣，渗透数学文化，提升学生数学阅读能力。

（二）数学阅读课堂模式探究

数学阅读课堂模式主要从三方面进行探究。

首先，精心设计“阅读学习单”。“阅读学习单”的设计是上好“数学阅读课”的基础，也是决定阅读教学效益高低的关键。“阅读学习单”的设计要蕴含丰富的实践探究性和驱动力，要有利于学生以内容为载体进行操作、尝试并产生顿悟。

其次，探索数学阅读课的基本流程：创设情境、激趣导入—自主阅读、合作探究—全班交流、拓展提升—自我反思、总结收获。

最后，进行数学阅读方法的总结和指导。根据不同的时间分别进行研究，分课前预习阅读、课堂上深度阅读、课后拓展阅读，培养学生自主数学阅读的习惯。提升数学阅读能力，让学生在生活中寻找数学、玩数学，真正地把数学知识与生活接轨。

五、研究成果

课题开展以来，我们把数学文本阅读作为一种新的数学学习方式，采取课内课外共同实践与探索，激发学生的数学阅读兴趣，逐步培养学生数学阅读能力。形成以文本阅读为特色的小学数学学习方式和课堂教学模式，提高了课堂效率，提升了学生的综合素质，为学生的可持续性发展和终身学习奠定了良好的基础。教师也在研究中成长，通过各种实践方式理论联系实际，在实践中反思总结，取得了一些研究成果。

（一）理论研究方面收获

1. 激发阅读兴趣，让数学阅读有趣可寻

兴趣是最好的老师，学生只有对数学教材产生浓厚的学习兴趣，才会有较强的学习欲望，才能主动学习。在数学教学中，教师根据教材特点、学生年龄特征和个性特点采用多种方式，激发阅读兴趣。

（1）创设阅读环境。

对学生来说，故事、童话等都是喜闻乐见的素材。教师选择学生喜欢的阅读素材，在教室里陈列或张贴一些生动有趣的数学材料，这样不仅能激发学生的阅读兴趣，而且能提高学生的阅读效果。

（2）创设阅读情境。

根据学生的心理特点和年龄特征创设问题情景，通过向学生提供鲜活的、真实的、有价值的数学问题，激发学生探究欲望，带领学生走进数学阅读的殿堂。教师给学生讲与学科知识有关的内容，扩展学生视野。比如认识数字时了解阿拉伯数字名字的故事；学习分数时，与学生一起了解分数的产生过程；学习七巧板时，可以阅读七巧板从家具到闻名于世的“唐图”的故事；还可以讲一些关于“自学成才”的数学家的故事，树立读书的榜样。

（3）开展阅读活动。

根据学生年龄特征，各年级定期举行好书推介活动、“数学故事小达人”评选活动、数学日记评选活动，在评价中学生享受阅读所带来的成就感，从而使自己的认知水平达到一个新的高度。

2. 指导阅读方法，让数学阅读有法可依

教师有意识、有针对性地渗透阅读方法指导，学生在启发性问题的引领下，独立阅读、重复阅读，在阅读、实践、探索、思考、交流中，逐步摸索，尝试寻找答案，养成独立阅读的良好习惯。

（1）进行方法指导，掌握阅读策略。

数学教师应掌握一定的课堂阅读指导策略，科学传授阅读方法，指导学生读书要眼到、心到、手到，根据具体的内容和要求学会粗读与精读。所谓粗读，就是通过快速浏览整体把握阅读材料的主要知识。精读，就是对阅读材料进行逐句、逐段地认真阅读。另外，精读时要注意归纳整理，理清知识的来龙去脉，思考所学知识点与以前知识的联系及区别。每当学完一个单元，还可要求学生在全面阅读教材的基础上进行总结，画出思维导图，以理清知识结构，培养学生的阅读概括能力。

（2）重视课本阅读，把握阅读重点。

①课前预习阅读——提纲引领。科学的阅读方法是阅读能否有效的关键因素。课前阅读要读出书中的要点、难点、疑点，提出具有一定思考价值的问题。因此，课前，教师可以给出学生阅读提纲，引导学生根据提纲阅读课本，找到自己的收获和疑惑。课堂上，学生才会凝神倾听同学和老师的观点，才会提高学习效率，体验课前阅读带来的成功快乐。

②课中探究阅读——加深理解。课中探究阅读主要分为三种方法：边读边圈画，将阅读内容符号化；边读边操作，将阅读内容具体化；边读边交流，将阅读思维深刻化。课中阅读要把读、思、练结合起来，要在学生自主探究其产生过程的基础上，逐字逐句让学生反复读，读出字里行间所蕴藏的内容，体会出数学阅读的思想、方法。

③课后温习阅读——反思提升。课后阅读要进行整理归纳，起到温故知新、举一反三的作用。一堂课的教学时间是有限的，许多有趣味、有价值的材料还需要学生课后阅读来理解，课后及时阅读是高效率学习的重要一环。

3. 选择阅读内容，让数学阅读有章可循

我们的数学阅读不只包括数学教材的阅读，还包括与数学有关的科普知识及课外材料的阅读，让学生进行数学阅读，不是放手让学生自己随意读，而是有选择性地阅读。

（1）教材阅读内容的选择。

数学教材是专家在充分考虑学生的心理特征、数学学科特点等诸多因素的基础上精心编写而成的，具有极高的阅读价值。因此，教师要重视学生对数学教科书的阅读和理解，充分利用教科书的阅读价值。

①选择数学文本中文字语言、数学符号、公式、图表等阅读材料让学生

重点读。课上精读，引导学生学会从教材中寻找答案，学会用自己的话去解释抽象的数学语言。

②选择教材中编排的“你知道吗”等内容，利用课中或课下适度延伸。开辟“你知道吗”栏目进行显性体现，具体内容有数学史料、数学背景知识、数学的生活应用、数学家的故事等，以激发学生学习数学的兴趣，引导学生感受数学文化的魅力。

（2）课外阅读材料的选择。

数学阅读不只包括对数学教材的阅读，还包括对与数学有关的科普知识及课外材料的阅读，让学生在生活中找数学、玩数学，进行阅读延伸，真正使数学知识与生活接轨。如《走进奇妙的数学世界》《数学王国历险记》《数学动物园》《数学智斗记》《数学西游记》，通过阅读，让学生关注日常生活中的数学，捕捉身边的数学信息，体会数学的价值。

（3）阅读类习题编制。

教师要有意识地设计一些测评学生阅读能力的试题，通过对读图、读表、读文字材料能力的考查，可以实实在在地推进学生进行自我阅读训练，提高阅读能力，创设一些蕴涵数学问题的故事和生活情景，提高学生对文字材料的阅读处理水平。

4. 探索阅读课堂模式，丰富数学教学策略

在数学阅读课堂教学模式探究方面，我们探究出数学阅读课的教学流程：创设情境、激趣导入—自主阅读、合作探究—全班交流、拓展提升—自我反思、总结收获。

数学阅读课的教学操作功在课前，研究组织内容，精心设计“阅读学习单”；隐在课中，突出学生的阅读和探索，突出学习的自主和体验；导在学后，学生交流时做必要的指导、点拨与提升，并将学习内容向课外延伸，拓展数学学习的时间和空间。

（1）精心设计“阅读学习单”。

“阅读学习单”的设计是上好“数学阅读课”的基础，也是决定阅读教学效益高低的关键。“阅读学习单”的设计要蕴含丰富的实践探究性和驱动力，要有利于学生以内容为载体去进行操作、尝试并产生顿悟。“问题是数学的心脏”。我们把阅读材料精心设计成“问题串”，让学生在启发性问题的驱动下有目的地去阅读、去思考、去计算、去探索，寻找问题的答案。学生阅读的过程就是“猜想—验证—再猜想—再验证”的问题探究过程，就是经历“山重水复疑无路，柳暗花明又一村”之后获得深层次愉悦的心理体验过程。

（2）数学阅读课的基本流程。

①创设情境、激趣导入。“兴趣是最好的老师。”在数学阅读时，教师必须根据学生的年龄特征和个性特点，创设新颖有趣、富有启发性的情境，诱发和保持学生强烈的探究欲望和阅读兴趣。

②自主阅读、合作探究。学生的兴趣被激发起来之后，就要给学生提供广阔而自主的探究空间。教师要真正转变为一个组织者和指导者，放手让学生自主阅读完成“学习单”。“学习单”上层次递进的“问题串”帮助学生真正进入思维状态，学生边阅读、边思考、边计算、边猜测、边推理，在不断摸索中寻找答案。

③全班交流、拓展提升。面对客观存在的学生差异，“数学阅读课”的目标设计是高弹性的，而不是教学要求整齐划一，这样才能满足学生的个性化学习需求。教学中，要充分利用学生间的差异，重点组织两个层次的学习交流。第一轮是让学习进度较快、率先完成阅读任务的学生充当“小老师”，协助教师指导帮助个别有困难的学生，这样互动学习的过程，是“兵教兵”的过程。第二轮是全班交流学习。师生、生生多边互动的对话与交流，是彼此想法的碰撞、吸纳与提升。教师要担当好“画龙点睛”的重任，并努力把学生的研究向课外延伸。

④自我反思、总结收获。“数学阅读课”是为了让学生更好地学习、理解和感受数学而设计的，学生在阅读中开阔了数学视野，感受到了数学知识的博大精深和魅力所在，学习数学的兴趣也会越来越浓。

5. 开发阅读课程，丰盈数学阅读资源

课题组成员细致分工，以单元为主题，围绕基本数学知识和基本数学思想搜集整理有关阅读内容。课题组成员阅读许多的数学读物，做笔记，收集有价值的资料，再分类整合，使校本阅读教材融知识性、趣味性、探究性为一体。目前，我们已经汇编完每个年级的校本阅读教材——《装满故事的数学乐园》，教材中精彩的阅读内容、精炼的数学问题使学生爱不释手，可以指导学生在课外有选择性地阅读数学读物，可以在课堂的数学学习中分享“精彩阅读”，对数学教材进行有效的补充，启发学生的数学思维，引导学生对数学问题进一步思考，对知识进行内化，构建自己的知识体系。教师还开发班本课程。低年级主要有数学绘本课程、数学童话课程、童画童话课程等；中高年级主要有数学故事创编、数学小侦探等课程。

校本教材及班本课程的开发，不仅激发了学生学习数学、思考数学的热情，更是为建设数学教材，推进数学教改做了意义深远的尝试。

（二）教师成长提升

课题开展以来，教师积极投入课题的研究实践中，在研究中不断实践、不断反思，再不断尝试、不断总结，教师专业水平有了大幅度提高，取得一系列优异的成绩。

1. 探索课堂教学模式，教师理论水平不断提高

课题组通过理论学习和教学观摩活动，教师逐渐转变了“以知识为中心”的传统教学理念，确立了以学生为主体的教学观；有效地利用教材，丰富阅读的方式和途径，优化课堂结构；探究出指导学生阅读的措施和策略，探索出以数学阅读为主线的课堂教学模式，教师教学实践能力得到提高。

2. 积累数学阅读经验，教师专业水平不断提升

课题组成员以课题为载体，不断实践，深入研究，积极总结，撰写反思，先后有多篇文章发表在各级报纸杂志上。赵翠老师正式出版了专著《教给孩子一生有用的东西》，发表了论文《基于核心素养的初中数学课堂教学探索》。

3. 积极组织各种活动，教师综合素质不断提升

（1）开展文献研究活动。

课题组组织全体成员定时学习与本课题研究相关的理论和成果，提升课题组成员的理论素养；同时开展一些经验交流会，及时探讨课题研究中出现的问题，交流研究经验。

（2）开展课题公开研讨课活动。

每位课题组成员每学期上好一节课题公开研讨课，研讨课要求围绕数学阅读来设计，展示个人研究的阶段成果，并在评课交流中解决实践中的困惑。

（3）开展科研论文评比活动。

每学期课题组教师围绕课题展开教学实验，撰写相关研究论文，进行科研论文评比。推荐优秀论文参加省、市区级论文评比活动或投寄发表。

（4）开展教师案例评选活动。

为了促进对课题研究的关注与思考，课题研究人员积极主动地收集教学个案，反思、总结课题研究经验，为课题研究积累资料，并能把它上升到理论层面，物化课题研究成果。

通过课题研讨会、反思总结会等形式，课题组成员认真总结、反思，收集编辑优秀教案、论文、教学反思和课件，整理研究思路，完善研究方案，撰写研究报告、研究论文，形成课题研究结题报告。通过组织公开课等活动推广课题研究成果，使科研成果源于教学，又回归教学。

（三）学生综合素养提升

课题实验之初，学生的数学阅读状况令人堪忧。学生对数学阅读含义的理解比较片面，主动进行数学阅读的动机匮乏、兴趣薄弱。

经过两年的阅读实践，现在有80.39%的学生喜欢阅读数学图书；76.04%的学生能够自主阅读课外数学书籍；83.61%的家长对孩子的数学阅读满意。学生掌握数学阅读方法，提升了学习能力，养成数学阅读习惯，提高了学习兴趣。学校、家庭、社会三者形成合力，为学生的数学阅读创设最佳环境，学生数学阅读能力提升明显。

六、问题与展望

苏霍姆林斯基曾经说过：“阅读是学生通往知识世界的一个最重要的窗口”“通过阅读而激发起来的思维，好比是整理得很好的土地，只要把知识的种子撒上去，就会发芽成长，取得收成。”在数学阅读中，学生能够感受到数学的博大精深、数学的文化价值、数学的内在魅力和巨大作用，学生自然对数学心生欢喜。因此，在数学教学中，对学生进行数学阅读能力的培养，是提高小学生自主学习能力和“教学生学会学习”的一项重要举措。

阅读实践开展以来，学生数学阅读能力得到明显提高。教师通过指导学生数学阅读方法自身的专业素质虽然得到提升，但仍存在很多问题与不足，值得反思。比如，课题设计和操作存在问题。课题实施之初方案不严谨，问卷调查不够科学，有些数据跟踪记录缺乏连续性，造成实验数据反映不够全面。另外，年轻教师，工作上虽然有热情、有激情，但没有丰富的经验和深厚的理论功底，存在教学案例层次水平不高等问题。

结题不是终点，我们课题组会在以后的教育教学实践中继续研究探索，不断学习提高教科研能力，在数学阅读教学方面进行更深入的探索和研究，争取不断收获与突破。

理论探索

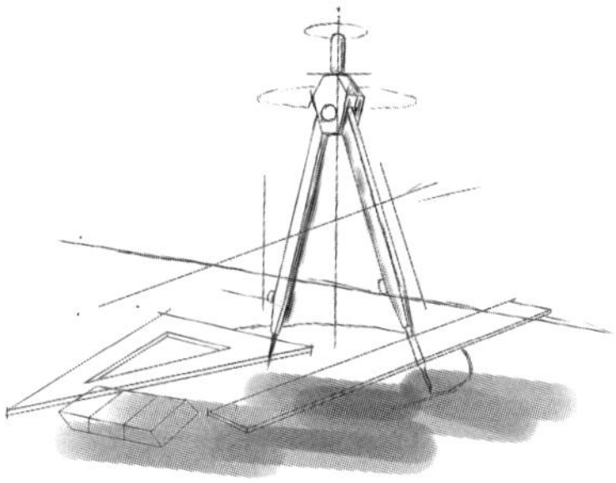

开展数学阅读，发展核心素养

——在小学开展“数学阅读”教学的探索与实践

济南市莱芜区汶源学校　赵　翠

阅读作为人类社会生活的一项重要活动，是人类汲取知识的主要手段和认识世界的重要途径。数学是一门科学，更是一种语言。由于学生所处的文化环境、家庭背景和自身思维方式的不同，学生的数学学习活动应当是一个生动活泼的、主动的和富有个性的过程。数学阅读是学生个体根据已有的知识经验，通过阅读数学材料建构数学意义和方法的学习活动，是学生主动获取信息，汲取知识，发展数学思维，学习数学语言的重要途径。在数学中不光有数字运算，还有空间关系和逻辑思维的问题。而阅读理解能力常常是解决数学问题，特别是数学文本问题的必要前提。

数学阅读作为一种基本技能，是核心素养落实的第一步。

在实际教学中，我们常常发现有的学生面对文字题、应用题时就难以应对。这就说明学生缺乏一定的数学阅读能力。那么，怎样培养小学生的数学阅读能力呢？

一、明确概念，提高阅读认识

阅读是指运用语言文字来获取信息，认识世界，发展思维，并获得审美体验的活动，是人类获得知识的主要手段和认识世界的重要途径。现代社会要求人们具有包括语文阅读能力、数学阅读能力、外语阅读能力、科技阅读能力等在内的综合阅读能力。随着数学知识问题化、生活化、社会化，仅具有语文阅读能力是不够的，例如：某些产品的使用书、某产业结构图等，都与数学学科密切相关。因此，数学阅读能力的培养不容忽视。

数学阅读本身是属于阅读的一种类型，但它与纯文字层面的阅读略有区别，除文字之外，数学阅读还包括图表、公式、数据等可视资料。而且数学阅读的过程中对思维的要求更高，在感知信息的基础上，要求阅读者能够借助已有的数学知识，对其中的观点进行判断、论证、推理、证明等逻辑层面的思考，以建构属于自身的科学思维认知。

随着小学生识字量的不断增加，数学阅读经验逐年递增，阅读理解的能力也在不断提高。数学阅读体现的是学生对阅读材料的认知与加工的双重学习过程。通过阅读，学生可以更好地学习数学语言，完善自身的数学认知，并不断丰富数学的逻辑思维体系，发展数学技能，从脑力、心理、数学三个层面获得多重审美体验。作为教师，要充分认识数学教学中阅读的重要性，正确指导小学生进行数学阅读。

二、先读后教，激发阅读兴趣

心理学认为，兴趣是心理活动的倾向，是学习的内在动力，是开发智力的钥匙。在小学数学教学中，教师要根据教材特点、小学生年龄特征和个性特点，以教材为载体，以语言训练为主要内容，创设情境，激发阅读兴趣。

教材是培养学生数学阅读能力的最佳素材，数学教材的知识系统和脉络思维都经过专家教授的严格把握，不仅论证清晰明了，而且知识层层推进，学生极易自学和掌握。在日常教学中，教师要有意识地培养学生阅读材料的习惯，充分挖掘学生对阅读材料的学习能力，这对学生的数学抽象、逻辑推理、数学建模等能力的形成都有很大帮助。在学生阅读之前，不建议让学生盲读，建议数学教师参考语文阅读的方式，让学生带着问题来阅读。创设一些难度适当的问题情境，诱发和保持学生的阅读兴趣。创设问题情境时要注意，问题要精辟而具体，要有针对性，新而有趣，要有适当难度，富有启发性。问题的呈现与学生的生活实际联系。我们可以通过呈现与学生原有知识相矛盾的现象，设置悬念；或提供几个相互矛盾的方案、解答，使学生产生认知上的冲突，激发学生的好奇心和求知欲，激发学生阅读兴趣。

另外，授课之前，教师可为学生发放导学案，引导学生自主完成知识学习过程，导学案后面还可以附一些数学阅读题目，让学生运用阅读材料中学到的方法来解题，进一步提升学生阅读的收获感。

数学阅读活动，让数学不再枯燥。每天坚持让学生写数学日记，可以让学生对身边与数学有关的事物充满好奇心，并乐于接触数学信息，从而对数学产生浓厚的兴趣；还可以定期举行“数学讲题小达人”的活动，不仅让学生感受到数学的美，提高学习数学的积极性，更能感受到学习数学的魅力。

三、扩展材料，激活阅读思维

苏霍姆林斯基曾经说：“课外阅读用形象的话来说，既是思考的大船借以航行的帆，也是鼓帆前进的风。没有阅读，就既没有帆，也没有风。阅读就是独立地在知识的海洋里航行。”数学阅读的开展，一方面是为了更好地培养学生的数学学习能力，另一方面，随着阅读的推进，学生已经逐步掌握了正确的阅读方法，可以继续阅读更多的学习资料，让视野更开阔，眼光更长远。这也是增强学生人文底蕴，发展学生理性思维、批判质疑、自主学习、勇于探究习惯的重要一步。

数学阅读的材料可以由教师推荐，如知识拓展类书籍、报纸、名人传记等都可以推荐给学生。尤其是一些经典数学问题起源类知识，如平面直角坐标系之父——笛卡尔，他的一些小故事不仅可以让学生掌握数学知识，还可以让学生从方法探究、哲学思维等方面获得启蒙，这比解题要有意思得多。我们除了推荐学生阅读《马小跳玩数学》之外，还推荐学生阅读适合的课外书籍，如我国张景中院士的科普读物：《数学家的眼光》《数学传奇》《好玩的数学》等，同时指导学生写阅读体会。另外，也可以由家长或者学生自己来选择阅读材料。对于学生自身而言，能够为自己挑选合适的阅读资料，这本身也是一种学习的过程，远比静坐教室读书难度更高。随着科技的不断发展，网络阅读也在日益崛起，通过网络学生可以更加便捷地获得多种阅读资源，共享交流也更加方便，教师也需要鼓励学生开展网络阅读。

四、交流评价，促进能力发展

评价是教学过程中非常重要的一环。在日常的数学阅读教学中，我们大都采用解题来评价学生的阅读成果。从可操作性层面来讲，这比较容易量化，实施起来也相对简单，但从学生能力发展层面来讲，对阅读过程的交流与评价也非常重要。

数学教育家斯托利亚尔认为：数学教学也就是数学语言的教学，这是因为数学语言是数学知识和数学思想的载体，数学知识与数学思想最终要通过数学语言表示出来并获得理解、掌握、交流和应用。要进行数学交流，必须丰富学生的数学词汇，培养学生正确理解数学语言表述的数学内容，并逐渐学会怎样由日常语言转化为用数学语言来表述自己的数学概念。教师要善于把握契机，充分发挥主导作用，让学生在交流与评价中真正实现思维的撞击和智慧的交锋。

教师要鼓励学生分享一些解题的思维过程，这不仅是在解决一道题，更是学生可以脱离课本、运用知识的过程，也是掌握数学思维与方法，发展学生数学逻辑的一个核心过程。在这个过程中，老师也更容易对学生的学习过程展开评价。教学中，教师要给学生提供多项交流的机会、和谐的氛围、成功的经验、竞争的机制激励学生主动求知，主动发展，主动将数学作为信息交流的工具。教师可采用提问、练习、互相讨论等方式及时反馈阅读信息，检查阅读效果。随时发现问题，使指导更具针对性。

实践证明，当一个人的行为产生积极的自我体验，同时又得到他人肯定时，他的人格就能正常发展。同样，在数学阅读活动中，教师及时地评价反馈学生的阅读成果，让学生展示自己通过阅读所获得的新信息，并给予积极的评价，学生就能从中看到自己的进步，获得成功的快感，享受阅读所带来的成就感，从而使自己的认知水平达到一个新的高度。如此往复，学生便在自我不断提高的过程中构建起自己的认知体系。阅读习惯的养成不是一蹴而就的，需要教师及时检查阅读效果，随时发现问题，使数学阅读务实高效，不再流于形式。

总之，作为数学教师，为了促进学生的学科核心素养发展，我们应该高度重视数学阅读教学。数学教学不仅仅让学生能解决几个数学难题，更重要的是把数学教学作为一种文化，更作为一种语言传播。为学生的数学学习提供基础，为学生思维发展和能力培养提供坚实的基石。

享受数学阅读　培养学习能力

——浅谈小学数学阅读教学的几点做法

济南市莱芜区汶源学校　赵　翠

苏霍姆林斯基说：“让学生变聪明的方法，不是补课，不是增加作业量，而是阅读、阅读、再阅读。”多年来，我一直致力于对“数学阅读”的思考与研究，研究中我发现，数学阅读既可以拓展学生的知识面与深度，提高学生学习数学的兴趣，又有助于培养学生的逻辑思维能力、语言表达能力、自主学习能力，学生通过数学阅读还能学会透过现象看本质，从而抓住问题要害，有效解决生活中的实际问题。在这个过程中，个性得到全面发展，真正达到“学会学习”的教育目的。

什么是数学阅读呢？数学阅读是学生个体根据已有的知识经验，通过阅读数学材料建构数学意义和方法的学习活动，是学生主动获取信息，涉取知识，发展数学思维，学习数学语言的途径之一。可见，数学的学习不能离开阅读，提高学生的数学阅读能力势在必行。在数学教学中应如何落实数学阅读呢？本文主要从以下四个方面谈谈我的理解和做法。

一、创设问题情境，激发学生阅读兴趣

问题情境，在激发学生阅读文本的兴趣上有着极其重要的作用。为此，在阅读教学中，教师要依据教材特点、学生情感认知特点以及生活体验来创设问题情境，充分调动学生阅读的积极性，让学生在思考中阅读，在阅读中体验，以此来激发学生的阅读兴趣。

多年来的教学经验告诉我，大量引入引人入胜的数学故事和数学知识，会使学生具有强烈的好奇心，充分激发其数学学习兴趣，更好更愉快地完成学习任务。例如，在学习小数乘法时，我创设了这样的情境："在美丽的森林里，住着小熊和一群猴子。一天，小熊大声地叫着：'卖梨啰，卖梨啰，每千克3.5元，便宜又新鲜的甜梨。'听到叫卖声，猴子们都大声嚷嚷着：'我们要买！我们要买！'小熊给猴子称了一大袋，说：'10.5千克。'但这些一共到底多少钱？小熊却为难了，怎么也算不出来。小朋友们谁能帮帮小熊呢？"

每个小学生都爱听故事，创设故事情境，导入新课，促使数学阅读充满情趣，使学生感到新奇、愉快，从而达到学习活动的最佳状态。这节课慢慢地随着情景深入，不失时机地渗透、强化概念，学生在边读、边学、边用中始终处于兴奋状态，激发了阅读新知识的强烈渴望，达到了高效学习的目的。

二、巧用五字秘诀，寻找解决问题之钥

阅读对于理解、掌握知识极为重要，数学也同样需要阅读。数学语言抽象，逻辑性强，只有反复读、读得得法，才能收到显著的效果。在数学阅读教学中，我教给学生用了"读、想、解、查、思"五字诀。例如，在教百

分数应用题时："修一条路，第一天修了这条路的30%，第二天修了这条路的40%，两天一共修了3.5千米。这条路一共有多长？"看到问题后的第一步就是先读题，边读边筛选关键信息，知大意，做计划，这个计划是读和想的综合运用。通过筛选，我们明确了已知信息是"路先修30%，后修40%，共修3.5千米"，问题是"路有多长"，这样也就知道了问题的意思。接下来我们可以将这些关键信息利用线段图来呈现解题计划。这时可以重复前两步，再读一遍题目，想一想以前有没有做过同类的题目，从以往经验中找寻解决思路。比如，在学习分数的时候有过这样的问题："一个修路队第一天修了$\frac{1}{5}$，第二天修了$\frac{3}{10}$，两天共计修了3千米，这条路一共有多少千米？"这道题是这样解答的：$3\div(\frac{1}{5}+\frac{3}{10})$。这样从同类题目中找到解决思路后，我们就可以利用此方法解答一开始的问题了，列式为：3.5÷（30%+40%），继而就可以计算出本题的结果：3.5÷（30%+40%）=3.5÷0.7=5（千米），这样的解题方式，其实也是数学上的归类问题，把一个一个的问题归结为一类问题来解决，便于学生训练巩固。题目解完后，就到了检查环节。先看列式是不是符合解题计划和同类题的做法，如果相同的话，再看一看计算是否正确，最好再做一遍进行比对。最后还要进行反思，梳理解题过程，总结解题的精妙之处及不足。多年来，我就是这样扎实引导学生运用"五字诀"解题，学生不仅明白了阅读方法，也训练了思维方式，更提高了解题能力。

三、掌握三大读法，提升自主学习之效

（一）内容要品读

学生的阅读兴趣被调动后，课本自然也成了他们的阅读内容。授新课前，老师可顺势引导学生通过自主阅读进行有效预习。其中，信息、问题和探究合作的内容需要重点品读。在读的过程中，说一说信息是什么，问题是什么，明白了哪些知识，还有哪些需要老师点拨。通过读一读、想一想、说

一说的阅读实践，既能使学生感受获取知识的喜悦，从而激起探究新知的兴趣，又能提升学生自主解决问题的能力。老师在指导学生有效阅读的方法时，充分发挥了教材的作用，使学生养成良好的阅读习惯。

（二）概念应精读

正确理解和使用概念，是牢固掌握数学基础知识的前提，因此概念要仔细精读，弄清概念中的每个字词，关键性字词更要反复推敲，逐字逐词逐句地去解读。如，什么叫正比例？可准确地解读为：两种相关联的量，一种量变化，另一种量也随着变化，如果这两种量相对应的两个数的比值（也就是商）一定，这两种量就叫作成正比例的量，它们的关系叫作成正比例关系。用字母表示：如果用字母x和y表示两种相关联的量，用k表示它们的比值，正比例关系可以用关系式$\frac{x}{y}=k$（一定）来表示。正比例关系中两种相关联的量的变化规律为：同时扩大，同时缩小，比值不变。所以，在概念教学中，我让学生像学语文精读那样进行品词析句，反复体会抓住概念的本质。如此训练，加深对概念的理解，学生通过精读训练实现了从旧知到新知的飞跃。

（三）课本需巧读

阅读数学课本，贵在巧字上下功夫，只有会读善读，才能读有所获。一是巧用“点、画、批”，阅读时要勤于动手，把关键词语点出来，把重点公式和结论画线标记出来，并用精练的语言将自己的理解或疑问做好批注，随时记录好自己的思考过程。二是跳过障碍，对一时看不懂的地方先粗读留个大体印象，然后跳过去继续往下读，等完整读后再回过头来细读此处，这样，有了前后知识的勾连贯通后，前期不懂的地方也就变得比较容易理解了。三是手脑并用，勤于动笔。“眼过千遍，不如手过一遍。”要想寻找知识的内在联系，抓住解决问题的突破口，只有眼到、手到、口到、心到，才能从多角度激起大脑皮层的兴奋度，也就更容易记忆要掌握的东西。

数学阅读中，教师引导学生灵活运用品读、精读、巧读，再利用思维导图理清知识脉络，构建起知识框架，这样循序渐进，由浅入深，学生的自主学习能力和效果定会逐步提升。

四、以活动促提升，拓宽数学阅读外延

活动促提升。教学中，我总是以活动作为载体，开展丰富多彩的数学课外阅读活动，既能激发学生数学阅读的兴趣，拓展知识的广度和深度，还能提升学生的理解能力和思维品质，并逐步培养数学课外阅读的习惯。我所教的班级中，每周一的数学课是孩子们最期待的“趣味数学展评会”时间，学生以合作小组为单位进行交流展示，学生自主量化评比，月底进行综合表彰。展示中，同学们或深情讲述古今中外数学家的故事，或进行有趣的数学谜语猜猜猜……学生的学习热情被充分调动起来。以读促写，读写结合才能出实效。于是，我引导学生发挥聪明才智，创编数学故事，每周评选“数学故事大王”，并在班级张榜表扬。每学期获评五次以上的同学，获封班级“数学小博士”，隆重表彰之余，还要给家长发喜报。系列活动营造了阅读氛围，促进了同学间的阅读交流，拓宽了数学阅读的外延，更让学生充分享受到阅读带来的成就感，激发了学生的学习原动力和创造力。

总之，良好的阅读习惯及能力能使学生产生丰富的想象力，敏锐的观察力，高效的记忆力，培养创新思维，提高学习实效。教学中，老师要重视学生数学阅读习惯的培养，使学生个性得到全面发展，达到“教会学生会学”的最终目标。

培养小学生数学阅读能力的几点尝试

济南市莱芜区汶源学校　陈晓慧

苏霍姆林斯基说过：学会学习首先要学会阅读，一个阅读能力不好的学生，就是一个潜在的“差生”。《数学课程标准》也明确指出：“数学应注重培养学生包括数学阅读能力、应用能力和探究能力等诸种能力。”因此，在数学教学中，教材必须成为学生赖以学会学习的文本。教材不仅是教师教的依据，也是学生学的依据。新课程改革使得数学教材中的教学内容更加贴近生活实际。这种改革有利于激发学生阅读兴趣，产生阅读欲望。因而在数学教学中我们要充分利用这些素材，教会学生阅读。我们应该改变以往“讲练”单一的教学模式，重视学生数学阅读能力的培养及数学阅读方法的指导。

一、激发阅读动力，引领学生整体阅读

数学课本不及思想品德、语文等学科教材富有吸引力，不能使学生一拿到教材就有强烈的阅读欲望。它需要创设情境，激发学生的阅读动机。经过实践我们体会到，通过启发性谈话、制造认知冲突、设置悬念等手段，可以

较为成功地把学生带到课本的字里行间中去。例如，教学《商的变化规律》时，可以这样设计导语：①谁还记得积的变化规律？②乘法和除法有着密切的关系，现在我们发现了乘法中有这样的规律，大家有什么想法？③除法中有没有类似的规律？如果有会是什么规律呢？

打开数学书，一个崭新的课题呈现在学生面前，学生处于一种跃跃欲试的状态，便聚精会神地看起书来，阅读的效率是很高的。同样，学生如果收获到了阅读的果实，就会增强阅读的信心，激发进一步阅读的欲望。

二、把握阅读重点，带领学生分步阅读

（一）读教材主题图，为数学阅读抛砖引玉

数学课本中的主题图具有形象直观、内容简明、主题突出的特点，对培养学生的能力有着文字不可替代的作用。教师要指导学生认真阅读课本主题图，领会图意，把主题图与文字结合起来，使学生的阅读能力得到补充、矫正，从而达到有效学习的目的。如教学二年级下册《万以内数的认识》，先让学生独立看信息图，充分感受体育馆召开运动会的情境，再让学生在具体的情境中感受大数的意义，培养数感。最后让学生估一估大概有多少人，并且说说为什么这样估。

通过对主题图的一系列阅读、讨论，学生揣摩到蕴藏在图画后面的数学含义，体会到数学书中的插图不是无谓的装饰品，而是需要去认真阅读、发现。同时也培养了学生的估算意识和能力，为引出万以内数做了准备。

（二）读教材例题，为数学阅读搭建平台

现行教材对有关例题的处理是很好的，注重引导学生明确解题过程。如：计算题用不同颜色的框标出分步计算过程；应用题也是先用醒目颜色的文字、图表说明分析过程及方法，再给出部分算式。在解题过程中提供一定

的“布白”（让学生完成空缺部分的解题过程）。这些解答、思考的过程，以及课本中框出的总结性文字和有关的提示性问话等，都可让学生认真阅读，能真正帮助理解、促进思考，并能灵活地掌握题目的解答方法。

阅读例题对已经具备一定自学能力的中高段学生来说，有助于他们独立思考、自主学习。当然，读例题不能只让学生读读、看看、念念，教师更要注重加以点拨和指导，让学生带着问题来阅读。

例题的阅读还要注意例题的示范作用，规范解题步骤格式，总结题型方法。在例题的阅读中，不少学生只停留在“依葫芦画瓢”的外在形式上，走马观花，只满足于看懂。教师要指导学生阅读例题不仅要读，还要想，进行自主分析，注意例题的解题思路、解题步骤，进行自我解法与例题解法的比较，解题过程规范的比较。

（三）读教材结语，让数学阅读理性化

当教师创设生动活泼的教学情境，借助客观形象的事物演示之后，要回过头来好好把书本中的结语来读一读，想一想，多问几个为什么，这样有助于学生理解概念、含义、方法等。

1. 概念的阅读要“三会”：会叙述、会判断、会举例。教育学生在阅读概念时“咬文嚼字”，善于抓住概念中的关键字词，带动对整个概念正确、全面、深刻地理解。现以《商不变的性质》教学片段为例进行说明。

师（出示“被除数和除数同时扩大或缩小相同倍数，商不变”）：请同学们默读这句话，然后思考，你认为这句话中哪个字或哪几个字最重要，并尝试着把重点字词读出来。

生1：同时。

师：什么意思？

生1：就是说被除数变，除数也变。

生2：一起变的意思。

师：还有其他重要的词吗？

生：相同倍数，商不变。

师：大家想想，为什么把除法里的这条规律称为商不变性质？为何不称为“被除数、除数变化性质”？为何强调商不变？

生1：商不变很重要。

生2：被除数变了，除数变了，商不会变。

通过阅读，有助于学生深入思考，透彻理解题目的意思，找到解决问题的方法，也有助于学生养成认真观察、多角度思考问题的良好学习品质，更能培养自主学习的能力。

2. 定理公式的阅读，要分清条件结论，分析定理公式的特征，掌握分析思路、证明方法。在不断的探求—阅读—修正—再探求—再阅读的过程中接受知识，掌握公式定理特征，理解公式定理的证明。

三、调动阅读需求，引发学生深层阅读

（一）合作撰写数学日记

现在的学生常年与日记“僵持”，可谓谈“日记”色变。要学生写数学日记，教师可在写作形式与写作内容上有所创新。如小组轮流撰写数学日记，一个小组的学生在同一本日记本中写数学日记，每人每周只写1篇日记，并且必须对前一位组员的日记进行评价。小组轮流撰写数学日记既可以使学生有充足的时间撰写1篇高质量的数学日记，又使小组学生在数学日记上有交流反馈，还可以提高他们评价及反思的能力，可谓一举多得。写作的内容可以尽量开放，但要记录和数学有关的事情，可以记录身边的数学小故事，可以写在生活中用到数学的情况，等等。在不限制学生自主思维的条件

下，采取合作撰写数学日记的方式，让学生用一双数学的眼睛去看世界，用数学的脑袋去思考生活中纷繁复杂的问题。

（二）延续经典数学文化

中国数学作为中国文化的一部分，也有着悠远的历史和灿烂的文化，蕴涵着丰富的内容。对于中高段的学生，教师可以试着让他们了解中国古代数学发展的历史、古代数学的经典算术和经典题型。例如《墨经》中关于某些几何名词的定义和命题，如“圆，一中同长也”“平，同高也”等，又如“矩不方，规不可以为圆”等，都可以让学生大胆尝试阅读，了解中国古代数学史，激发他们读好数学、学好数学的热情。

（三）师生共读数学好书

数学教师对数学信息的大量阅读，不仅可以丰富自身知识，还可向学生推荐数学阅读方面的好杂志、好报纸、好书籍，如《数学故事》《趣味数学百科图典》等。丰富学生的数学阅读世界，激发他们数学阅读的热情，以阅读来促进思维发展，形成方法，运用数学。

总之，把阅读引进数学学习，让学生多读课本，多看课外资料，培养学生的阅读能力，使他们获得终身学习的本领，是非常必要的。但让学生进行数学阅读，必须建立在教师深入阅读教材的基础上，还要根据不同的教材内容，教给学生相应的阅读方法和技巧。教师应针对不同的阅读素材，指导学生掌握数学阅读的方法和策略，循序渐进，逐步形成阅读技能，让学生明白数学阅读的重要性，同时激发数学阅读的兴趣。培养学生的自学能力，提升学生数学自悟自得的能力，使学生获得终身学习的本领，对学生今后的工作生活具有十分重要的意义。

品悟数学文化　感受阅读之美

济南市莱芜区汶源学校　刘　斐

数学阅读是数学学科学习的需要，是学习数学语言的途径之一。在小学数学教学中，通过数学阅读渗透数学文化，是培养学生人文精神的重要载体。在这种文化熏陶中，学生主动获取知识，发展数学思维，提高学习数学的主动性和积极性，同时也能感受到数学独有的文化价值，领略数学文化的独特魅力。

人类有多种多样的文化，数学是人类文化的一种。如何将数学文化渗透到实际教学中，使学生在数学学习中真正受到文化感染，产生文化共鸣，体会数学的文化品位呢？在教学中，我在充分挖掘教材文化内涵的基础上，结合课外阅读资料，借助数学阅读的方式将数学文化融入课前、课中、课后。

一、课前预习新知，了解数学文化

在学习新课之前，先搜集与本节课知识有关的数学阅读材料，学生在阅读材料的过程中，不仅激发了数学学习兴趣，而且预习了新知，找到了自己的困惑点，有助于提高课堂上的学习效率。如圆的历史、比号的来历、分数的产生、负数的来历、百分数的由来等都可以作为课前阅读资料让学生在课前阅读。

我在教学五年级上册“位置与方向”一课前，为学生搜集了课前阅读资料《中国古代伟大的航海家——郑和》的故事，通过阅读资料，学生知道我国早在春秋战国时期就能通过观测日月星辰测定船舶航行方向和位置。郑和七次下西洋，完成了人类历史上的伟大壮举，为人类的航海事业做出了伟大贡献。郑和在远航过程中用的方法是根据一个参照物来确定船所在的相对位置。由此引导学生思考：“要确定一个物体的位置，需要几个要素？”第二天数学课上，学生围绕对数学史料的思考，通过讨论这一问题展开了新课。

师：同学们，课前我们阅读了《中国古代伟大的航海家——郑和》的故事。通过阅读资料，你知道了什么？

生1：我知道了郑和七次下西洋，为人类的航海事业做出了伟大贡献，作为中国人，我感到很骄傲！

生2：我知道了郑和应用了多种导航手段来确定船的航行方向，如何准确确定方向和位置是至关重要的。

师：是的，那如何准确确定一个物体的位置呢？通过课前阅读思考，同学们有想法了吗？

生3：老师，我觉得知道物体所在的方向、距离可以确定一个物体的位置。

生4：我还有补充，要准确确定一个物体的位置，除了明确物体所在的方向、距离，还要确定角度。

……

在这个教学片段中，我通过阅读材料前置的方法，让学生在课前阅读相关的数学史料，通过课堂翻转，促进学生自己来思考、分享学到的数学知识，实现以学生为中心的数学课堂。

二、新授探究新知，渗透数学文化

在数学课堂上，通过介绍数学知识的发展史，让学生经历古人思考探究的过程，帮助学生理解知识的来龙去脉，更好地掌握知识。

如在教学“圆的周长”一课时，我先让学生合作探究记录圆的周长和直径，根据记录的数据提出猜想，然后出示数学阅读材料《从周三径一到圆周率》。

师：同学们，通过合作探究，你有什么发现？

生：我们小组发现，圆的周长大约是直径的3倍。

师：所有的圆周长和直径都存在这样一个关系吗？同学们这个猜想是否正确呢？下面我们来阅读一段史料：（课件出示）早在约2100年前，我国古代的数学著作《周髀算经》中就有“周三径一”的说法，意思是说圆的周长是它直径的3倍。经过长时间的研究，人们发现圆的周长和它直径的比值是一个固定的数，这个比值就叫圆周率。数学家刘徽用科学的“割圆术”求得圆周率等于3.1416。后来数学家祖冲之经过不懈努力，计算出圆周率在3.1415926和3.1415927之间，成为世界上第一个把圆周率的值精确到小数点后7位的人。

师：圆周率用字母π表示，是一个无限不循环小数，$\pi=3.1415926535\cdots\cdots$，在实际的应用中，一般取它的近似值，即$\pi\approx3.14$。

……

在这个教学片段中，通过课件演示介绍了圆周率的来历，学生在赞叹古人智慧的同时，明确了圆的周长的计算方法。

三、练习巩固新知，浸润数学文化

青岛版数学教材中的练习题大部分取自生活，有很高的应用价值。学生在解决问题的过程中，不知不觉受到数学文化的熏陶。如五年级下册，“圆的认识”一单元中，有这样几道题：

练习时，也可以给学生出一些数学阅读题，既可以训练学生的数学思维，又可以提高学生的数学阅读水平。学习比例尺时，我给学生出示了《泰

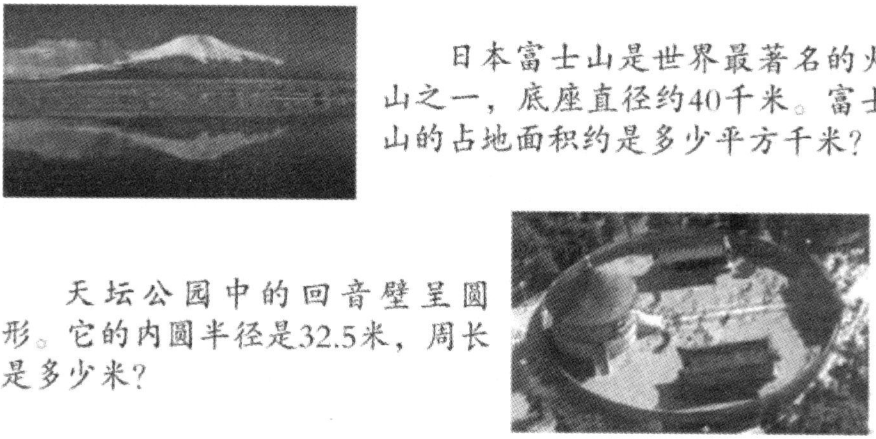

图1　圆的认识课程教材示例（一）

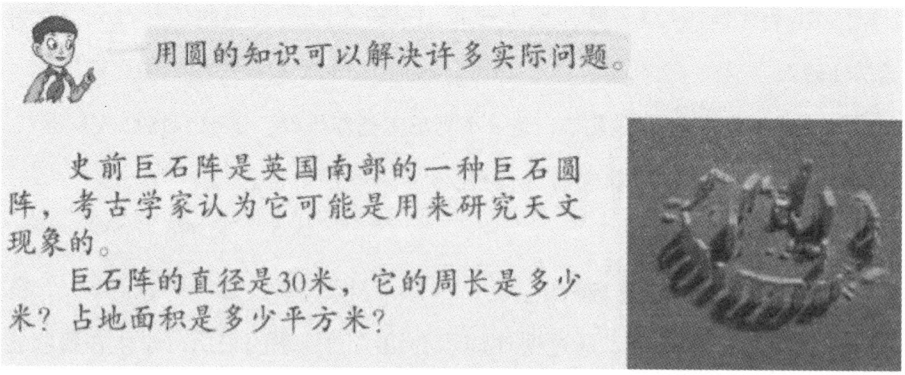

图2　圆的认识课程教材示例（二）

勒斯巧测金字塔高度》的数学阅读题。

金字塔是古埃及人的伟大创造。最早的金字塔建造于3500多年以前，坐落在撒哈拉沙漠的边缘，雄视着一望无际的戈壁沙丘和肥沃的绿洲。

金字塔究竟有多高呢？由于年代久远，它的精确高度连埃及人也记不清了。金字塔又高又陡，况且又是法老们的陵墓，出于敬畏心理，没人敢登上去进行测量。所以，要精确地测出它的高度，并不容易。

有一次，古希腊哲学家、科学家泰勒斯来到埃及游览。埃及人听说这个哲人来了，希望他能利用这个机会，测出金字塔的高度。泰勒斯想了一下，答应了。

测量金字塔高度的这一天，塔下挤满了观看的人群，人们都想看看这个充满智慧的泰勒斯是怎样测出来的。

泰勒斯从路上走来了，只带了一把尺子。人们感到疑惑，高高的金字塔怎么能用尺子测量呢？

只见泰勒斯站在金字塔下，让助手测出自己的身长，再测出自己影子的长度。太阳太低了，泰勒斯拖着长长的影子。太阳渐渐上升，影子渐渐变短了。到了上午的某个时刻，他的助手测出，泰勒斯的影子长度与他的身长相同。泰勒斯一听，马上让助手测量金字塔的影子长度。不多工夫，助手测出了金字塔的影长。

同学们，你知道泰勒斯是怎样测出金字塔的高度的吗？（小提示：泰勒斯已经提前量出了金字塔底座的长度）

学生经过思考、讨论，抓住关键句："到了上午的某个时刻，泰勒斯的影子长度与他的身长相同。泰勒斯马上让助手测量金字塔的影子长度。不多工夫，助手测出了金字塔的影长。"利用所学的比例的知识，探究出了方法。

此外，中国的《九章算术》《周髀算经》中也有许多的经典数学题值得教师选用到数学拓展练习中，不仅可以让学生重走古人的数学思考之路，还可以促进学生对数学知识更好地理解和掌握。如在教学五年级上册“分数乘法”后，在练习中采用了《九章算术》中的一道题目：

今有牛、马、羊食人苗，主责之粟五斗，羊主曰：“我羊食半马。”马主曰：“我马食半牛。”今欲衰偿之，问各出几何。

这道题的意思是现在有一头牛、一匹马、一只羊吃了人家的禾苗，禾苗的主人责令牛、马、羊的主人赔偿五斗谷子。羊的主人说：“我的羊吃的禾苗是马吃的一半。”马的主人说：“我的马吃的禾苗是牛吃的一半。”现在主人要求赔偿，问：牛、马、羊的主人各应出多少谷子呢？将数学著作中的经典题目作为数学课中的拓展练习，不仅丰富了题目的内容和文化，还激发了学生的探究欲望，提升了学生的数学思维。

四、课后拓展延伸，体验数学文化

课后阅读数学文化资料，可以帮助学生拓宽视野，进一步理解掌握学过的知识。

如学习完比例尺的知识后，我给学生提供了《古代地图与比例尺》的阅读资料；学习完比的知识，我让学生阅读《“黄金比”之美》《高跟鞋的由来》，并根据实际情况，为妈妈设计一款高度合适的高跟鞋；学习完圆的认识，我建议学生阅读《有趣的圆》，用圆规设计一幅美丽的图案，感受圆的魅力；学习完百分数后，我又推荐学生阅读《文学中的百分数》《成语中的百分数》《生活中的百分数》《医学中的百分数》……

总之，数学阅读离不开数学文化。数学文化记载着古人发现数学原理的过程，也记载着数学知识背后的思想方法，更记载着数学进步的各个美丽瞬间。当数学文化的魅力真正渗入教材、融入教学时，数学就会更加平易近人，数学教学就会通过文化层面让学生进一步理解数学、喜欢数学、热爱数学。而我们教师要做的就是让学生在数学阅读中品悟数学文化，让学生体会到数学阅读的独特魅力。

“数学阅读材料”在课堂教学中的呈现方式

济南市莱芜区汶源学校　谢文秀

教育家布鲁纳说过：“学习的最好刺激乃是对所学材料的兴趣，要想使学生上好课，就得千方百计点燃学生心灵的兴趣之火。”新课程改革下的数学课堂教学是师生之间、学生之间交往互动与共同发展的动态过程，不仅要学生掌握知识，更重要的是培养学生的能力。课堂中怎样把静态的数学阅读素材直接融入动态课堂并在课堂中呈现和传递给学生呢？

在教学实践中，我们以教材作为教课依据，灵活多样地呈现贴切的数学阅读素材，探索出一些实用且丰富多彩的数学阅读素材呈现方式。

一、课前呈现激发兴趣

（一）利用课件直观地呈现数学阅读材料

小学生以直观形象思维为主，抽象思维比较薄弱，教学中利用多媒体课件呈现数学阅读材料，使抽象的知识和概念变得生动形象易于学生理解。例如，研究鸡兔同笼问题时，出示图画，提问：假设全是鸡，谁看明白了？第一步是什么意思？第二步呢？

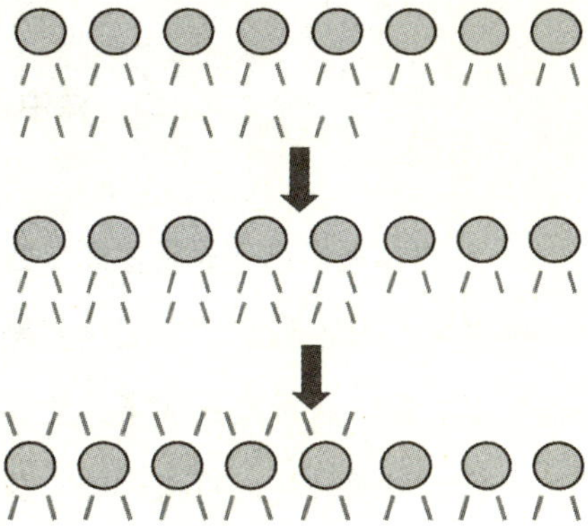

生：第一步，1只鸡要装2只脚，装完8只鸡，还剩10只脚。第二步，1只鸡要添2只脚，才能变成兔。10只脚，要添给5只鸡，变成5只兔。

算式：假设全是鸡

8×2=16（只）　　26−16=10（只）

兔：10÷（4−2）=5（只）　　鸡：8−5=3（只）

引导质疑：这里的4−2是什么意思？最后理解：每步计算的含义是什么？

利用课件呈现画图可以从图形上更直观地发现规律，让学生在观察图形中体会脚数变化的本质原因。

（二）以游戏、故事动态地呈现数学阅读材料

小学生好奇心强，喜欢听故事、做游戏，老师根据学生的爱好，将课堂教学素材融合到故事与游戏中，既符合学生的认知特点，又使静态的数学知识动态化，学生愿学、想学。在学习分数的意义时，设计阅读游戏活动，让学生选择合适的物体折一折，画一画，找出一个物体、一个计量单位、一个整体的四分之一，学生通过阅读操作，找出了一个正方形、1分米、4个苹果的四分之一。之后，又设计猜一猜小游戏，再一次让学生在比较之中产生新的思考，为什么两次取得的都是两块糖果却用不同的分数来表示呢？交流后发现问题的本质，每次的糖果总数不一样，也就是单位“1”在变化，从而抽象出分数本质的特征，回顾对比这些游戏活动，学生可以水到渠成地总结概括出分数的意义。

二、课中呈现导疑启思

（一）根据教学内容呈现主题式数学阅读素材

根据学习内容制定数学阅读主题，分组实施收集、整理阅读资料，然后进行集中汇报，展示实践成果。比如学习比时，通过课前布置搜集与黄金比相关的数学阅读材料，将自己的收获以视频、图片、录音的形式展现出来。这次的数学阅读主题实践活动中，每个同学围绕数学阅读这个主题进行积极认真地准备，有的同学搜集人体与“美的密码”，一般的人体肚脐上下长度的比值约为0.618:1；有的同学收集艺术与“美的密码”，报幕员站在舞台宽度的0.618处，显得和谐；有的同学收集建筑与“美的密码”，举世闻名的完美建筑古希腊巴特农神庙高与宽的比值接近0.618。让学生根据主题去寻找、整理阅读材料，不仅拓宽和丰富了课外知识，还提高了孩子们对数学学习的兴趣。

（二）结合学情呈现互动可操作的数学阅读素材

课堂中，老师将更多的视角投向了现实生活，努力挖掘那些发生在学生身边、同时又暗含着某种数学现象和数学规律的现实问题，以此为突破口进行设计。例如：“乘减混合计算”，从学生日常买学习用品的经验（小明用20元钱买了两支钢笔和一把小刀，钢笔每支6元，小刀每把1元，猜一猜小明是怎样付钱的）着手设计、呈现教学素材，学生有这样的亲身经历，学习非常积极、主动。

（三）运用对比的方式呈现数学阅读素材

俗话说：“有比较才有所思。”教学时，打破教材编排次序，将教学知识整合，进行对比性教学。让学生在比较中产生冲突，在冲突中去思辨，就能迸发出创新的思维火花，就会产生求知欲望。例如：在教学求一个数是另一个数的百分之几时，出示阅读材料，让学生从中提炼出信息和问题：去年自驾游人数480人，今年自驾游人数540人，今年自驾游人数比去年自驾游的人数多百分之几？去年自驾游人数比今年自驾游的人数少百分之几？引导学生分析这两个问题的异同点，然后通过画线段图分析数量关系，列式解答。从而使学生明确这两个题的单位“1”不同，但解题思路相同，都是先求比单位“1”多（少）的数量，再求多（少）的数量占单位“1”的百分之几。

三、课尾呈现拓展延伸

（一）布置实践性作业呈现数学阅读材料

质量单位“克”与“千克”，对于三年级的学生来说，学起来容易，用起来难，用对更难。这些知识与生活密切相关，只有让学生深入生活，在生活中发现这些知识的价值，明白这些知识与自己有密切的联系，学生才会去关注，从而用心去体验。在学完质量单位这一课时，我出示了《逛超市》这篇数学阅读材料。

逛超市

这几天，明明在学校学习了“克”与“千克”两个质量单位，虽然学得很认真，可对具体运用还是一知半解。妈妈看他这么为难，便说：“纸上得来终觉浅，绝知此事要躬行啊！走，妈妈带你到超市逛一圈。”

到了超市，他们直奔饮品架，架上的饮品琳琅满目，到底考察什么东西好呢？

明明有点晕头转向了。

“快看看你最喜欢喝的大瓶果粒橙有多重！”妈妈指着饮品架说道。明明从架上拿下饮料，掂了掂，再仔细查看上面的标签，然后说道：“1.25千克重！”妈妈笑了：“是啊，平时让你少喝点，你总是不听，现在你明白你一次能喝掉多少了吧？”

明明吐了吐舌头，心里偷笑，看来自己的“肚量”可真不小啊！

接着他们又来到了生活用品处，明明顺手拿起一包洗碗的海绵抹布，五块抹布叠在一起，厚厚的，可看看他们的总质量却只有15克，怪不得拿在手上一点重量都感觉不到，可见“克”有多轻啊。不多一会儿，明明又见识了1千克的字典，8千克的电脑显示屏，20克的橡皮……

逛完超市，明明写下了这样的日记。这次逛超市，加深了我对“千克”和“克”的认识，也使我明白了，如果只是闭门读书，而不参加实践调查，不去接触社会生活，那么收获的认识终究是浅薄的。我把妈妈说的诗改一改，纸上得来终觉浅，要想明白多实践。

故事回眸：

1瓶果粒橙	5块海绵抹布	1本字典	1个电脑显示屏	1块橡皮

明明到超市了解的这些物品有多重呢？

实践调查：像上面那样列一个表格，调查你身边的物品，看看他们有多重。

（二）开发阅读课程拓展数学阅读材料

数学阅读课程开发、阅读材料拓展数学教学，让数学课多一些文化熏陶，多一些延伸应用，课堂支撑更坚实，课堂走向更长远，学生收获更多。

数学阅读材料呈现方式的改变，对学生具有极大的吸引力，学生们沉浸在“做数学”的过程中，真正成为学习的主人，数学课堂学习的效率大大提高，培养了学生的创新意识和实践能力。

故事阅读在小学数学课堂中的巧用

济南市莱芜区汶源学校　康　洁

小学生好奇心强、生性好动、有意注意持续时间相对较短，而数学课却是以计算和提问为主旋律，相较于别的学科更难吸引学生。如何让数学课堂成为孩子们学习的乐园，就成了数学教师乐于探究的问题。教学中，我发现小学生对故事、童话有浓厚的兴趣，阅读数学故事不仅能激发他们的学习兴趣，还能引发他们进一步思考，因此，我把故事阅读作为一种新的学习方式，引入小学数学课堂中。

一、以趣激趣——阅读趣味故事激发学生学习数学的兴趣

一位教育家说过："故事是儿童的第一大需要。"生动的数学故事令人终生难忘，故事中有生动的情节，丰富的情感，寓知识于故事之中，符合学生心理的特点，易于激发学生的兴趣点。

兴趣是学生最好的老师，是开启知识大门的金钥匙。小学生如果对数学知识有浓厚的兴趣，会产生强烈的求知欲望，学习起来就乐此不疲了。但有些数学知识并不那么容易吸引他们，例如在学习长度单位时，学生觉得有五

个长度单位，知识点多而杂，学起来可以说是晦涩难懂，如果像原来一样仅按部就班地向他们传授知识，他们会对这部分内容毫无兴趣。因此，我们不妨利用一个有趣的故事创设情境，渲染快乐气氛，使学生既能集中注意力学习新知识，又能保持较高的数学趣味性。

在初步学习了长度单位后，我让学生阅读了猪八戒的趣味故事。

猪八戒的日记：早晨，我从2分米长的床上起来，拿起13毫米长的牙刷开始刷牙，然后洗脸吃饭，接着走了200毫米远的路来到我们学校。我坐在7米高的凳子上，拿出15分米长的铅笔和5厘米厚的练习本，开始练习。

刚读完这则故事，有些学生哈哈大笑，课堂气氛立刻活跃了起来，学生的学习热情和自主学习的积极性空前高涨，我顺势提问：你们为什么笑？学生七嘴八舌地说着其中长度单位的不合理。一则小小的故事既激发了学生的学习兴趣，又巩固了对知识的理解，何乐而不为呢？

二、以理说理——阅读充满哲理的故事使学生理解数学道理

故事不仅有趣，有时也蕴含着一定的道理，阅读这样的故事不仅可以吸引学生的注意力，有时还能使学生举一反三，便于理解数学道理。

循环小数的意义是一个较为抽象的数学问题，学生不易理解，在学习循环小数时，可以用我们耳熟能详的故事导入。

数学阅读：从前有座山，山里有个庙，庙里有一个老和尚和一个小和尚。一天，老和尚在给小和尚讲故事，故事的内容是：从前有座山，山里有个庙，庙里有一个老和尚和一个小和尚。一天，老和尚在给小和尚讲故事，故事的内容是：从前有座山，山里有个庙，庙里有一个老和尚和一个小和尚。一天，老和尚在给小和尚讲故事，故事的内容是……同学们读了这样的

故事想说什么？同学们说：这个故事没有止境，一直循环往复永远也讲不完，可以无限地说下去。

在数学课堂上，我利用这个不断循环的故事为切入点，让学生真正理解“循环”的道理，把故事中的生活道理与数学道理融合在了一起，从而理解“循环小数”的意义。

三、以易释难——阅读数学故事突破数学教学的难点

许多学生对数学中的应用题望而生畏，而应用题在数学学习及日常生活中又不可缺少，是小学数学的主要学习内容之一。如何突破这一难点，使学生对解决问题不再望而却步呢？经过探索和实验发现，将数学阅读故事作为问题的载体引进课堂教学，让学生在生动具体的情境中理解和认识数学，对学生分析问题和解决问题的能力训练非常有效。

为了激发学生解决问题的兴趣，我把思考题尽量编成数学故事让他们阅读：一只蜗牛不小心掉进了一口枯井里，一只癞蛤蟆爬过来安慰道：“这井壁太高了，随遇而安吧。我在这里生活了多年，慢慢也就习惯了。”蜗牛想：“井外的世界多美呀，我决不能像癞蛤蟆那样生活在又黑又冷的井底里！”于是问癞蛤蟆道：“癞大叔，请问这口井有多深？”“这井有10米深，你小小的年纪，又背负着这么重的壳，怎么爬上去呢？”蜗牛沉默不语，它要用实际行动来回答，它顺着井壁往上爬。到傍晚终于爬了5米，蜗牛特别高兴，心想：“照这样的速度，明天傍晚我就能爬上去。”然而，它太累了，便决定睡上一觉。早上，蜗牛惊奇地发现自己睡着后从井壁上滑下了4米。蜗牛叹了一口气，咬紧牙又开始往上爬。到了傍晚又往上爬了5米，可是晚上蜗牛又滑下4米。爬呀爬，最后坚强的蜗牛终于爬上了井台。小朋友你算出来了吗，蜗牛爬上井台用了几天时间？复杂晦涩的应用题，我们以故事的形式呈现给学生，在具体的问题情境中，给学生勾勒出了形象具

体的问题画面，学生结合自己的生活经验，分析和解决问题，使难点变易。

四、以活致用——阅读生活化的数学故事提升应用意识

小学生，特别是低年级的小学生，认知水平和接受能力以及逻辑判断水平都比较低，但他们的好奇心强，对生活中的各种事物充满兴趣和探索欲望。所以把数学与现实生活紧密联系起来，从学生熟悉的生活情境和感兴趣的事物出发，结合学生已有的生活经验和知识经验，数学问题生活化、故事化可以有效增强学生的应用意识。阅读数学故事，联系自身生活实际，创设生活化情境，可以培养学生从生活中提出问题、分析问题、解决问题的能力，提升学生的数学综合素养。

在学习乘法后，我出示了这样的数学故事：在一个阳光明媚的早上，老师想和大家一起去欣赏春天的景色，去找一找春天。春游时得带食物，下面是一些零食的单价：面包2元，饮料3元，梨子1元，话梅2元，饼干3元，瓜子2元……每6个同学一个活动小组，每组有30元活动经费，你们打算怎样花费这笔钱呢？这样生活化的数学故事，让学生体会到数学就在身边，可以利用数学知识解决生活中的问题，又可以利用生活经验帮助学生发现解决问题的正确方法，已达到让学生灵活运用数学知识解决实际问题的目的。

在小学数学课堂中，我们只要把握学生的心理特点，利用数学故事的阅读既能调动学生的学习积极性，又能使他们很容易明白数学道理，突破数学学习中的难点。应用中，我们不能盲目地运用而要有目的地巧妙利用。让故事阅读走进学生的数学课堂，数学课也会成为孩子们学习的“乐园”！

如何在教学中培养学生的数学学习习惯

济南市莱芜区汶源学校　卞君英

杰出的思想家培根曾说过：“习惯是一种顽强而巨大的力量，它可以主宰人生。”由此可见，良好习惯对一个人的重要性。小学阶段正是学生形成良好习惯的最佳时期。作为小学数学教师的我们，有责任关注孩子的习惯养成，积极探索小学数学教学中的习惯养成策略。现结合自己的教学经验，谈一谈如何在教学中培养学生的数学学习习惯。

一、培养学生有效预习和复习的习惯

有效的预习，能提高学生学习的目的性和针对性，可以提高学习的质量，同时也是培养自学习惯、提高自学能力的有效途径。数学学科的预习要特别注意预习方法的指导。有些知识，预习时可通过看一看、读一读、记一记的形式来进行。比如，像“质数、合数”这样的内容就可以采用这样的方法预习。还有一些知识则需要通过教师设计预习提纲的方法来进行，引导学生自己去读书、去操作、去发现问题。比如像“长方形的面积”这样的内容就可以采用预习提纲的方法来进行。学生通过预习，简单知识学会了，解决了，不懂的知识留下来带入课堂。在课堂上只有带着问题去听课，才能真正地走进课堂，参与课堂，才能实现预习活动与课堂活动的有机链接。

复习是学习新知的巩固环节，孔子曰“温故而知新”，学生在学习了新知识以后若能及时复习，不但能加深对知识的理解和掌握，往往还会出现新的灵感。

二、培养学生高效听讲和阅读的习惯

高效听讲是数学课堂的主旋律。学生在预习的基础上已经找出了自己的困惑，认真聆听教师的点拨与指导，大胆表达自己的观点，才能逐步解决自己的困惑。但是小学生自我约束能力差，注意力缺乏长久性，要使小学生认真倾听，除了教师认真备好课，上好课，吸引学生外，还必须从平时的点滴训练抓起，教给学生倾听的方法。

一是无论是听老师讲课，还是听同学发言，眼睛要注视着对方，要听清发言人说的每一句话，不随便插嘴、打断别人的说话。

二是当别人的发言有错时，要思考如何评价同学的发言，如何表达自己的观点。

三是自己发言时，当别人提出与自己不同的意见时，要能虚心接受，边听边改正自己的错误。

阅读习惯的培养可以借助课本阅读和课外阅读两种形式。数学课本是无声的老师，具有极高的阅读价值，是学生获取知识的主要来源。教师在教学中，首先要有意识地引导学生阅读数学课本上的符号、表格、注解等，做到重点读计算过程，精读数学概念，巧读解决问题。其次要增加数学读物的阅读。要提高阅读能力，仅利用课本上的材料是不够的。教师要适时地穿插一些数学资料让学生阅读学习。比如，我向学生推荐了《马小跳玩数学》《数学就是这么简单》等多种阅读书目，增加了数学阅读机会，拓宽了数学阅读视野，增强了数学学习乐趣。

三、培养学生勇于表达和善于质疑的习惯

语言是思维的外壳，只有善于表达自己的人，才能更有机会展示自己，发挥自己的潜能，弘扬自己的个性，才能适应竞争日益激烈的社会。培养学生们勇于表达的习惯，是课堂练习的基本要求。首先，我反复训练学生使用普通话大胆发言，要求他们声音要响亮，口齿清楚，想好了再举手，讲话要完整等。对于讲得不准确或有明显错误的同学，从不轻易批评或指责，不挫伤他们的积极性和自尊心，而是耐心开导，循循善诱，让他们重讲一遍。其次，给学生创造说的机会，让学生敢说、多说、会说。比如，在课堂上遇到需要同学们讨论的问题时，我总是组织小组讨论。这样做，可以使每一个学生都有发言的机会，也有分享别人思想的机会；既有面对几个人发表自己见解的机会，又有面对全班同学交流的机会。学生为了表达自己组的意见，就会主动地去思考、倾听，使其全身心都处于主动学习的兴奋状态，起到了事半功倍的效果。

没有质疑就没有进步，也就不会有创新，质疑是创新的起点，质疑是开启学生创新大门的钥匙。我们要有意识地培养学生的质疑能力与质疑习惯，鼓励学生发现问题，提出问题，保护学生最敏感的创新机能。一般可采用以下几种方式：

（一）营造质疑氛围，让学生敢问

我们在教学中要多从学生角度去思考，要动脑筋创设质疑氛围，使学生在民主、宽松的氛围中产生问题，从而提出并解决问题。老师可以用“你有什么不同的意见吗？”“你还有什么疑问吗？”这样来启发学生提问，当学生提出问题后，老师可以用“你的问题提得好，真是个会动脑筋的好孩

子”“你的看法很独特，给大家带来了灵感”之类的语言来激励评价学生，保护他们的积极性，在这样的氛围中，学生的质疑习惯得以根植。

（二）创设质疑情境，让学生想问

学生质疑习惯的发展与培养，还有赖于问题情境的创设。因此，教师要善于根据学生的年龄和心理特点以及知识水平，创设新奇的问题情境，以激发学生的求知欲。例如，我在教学“分数的意义”时，为了加深学生对单位“1”的理解，我让学生拿出自己准备的长方形纸片折出它的$\frac{1}{4}$，折好后，让学生展示自己的作品。展示完后，我问：“同学们有没有发现什么问题？”这时，同学说：“大家折出来的都是$\frac{1}{4}$，为什么形状和大小都不同呢？”我激动地表扬他问得好，并让学生把各自的长方形纸片进行比较，得出：长方形纸片的大小不同，也就是单位“1”不相等，所以他们的$\frac{1}{4}$就不相同。由学生自己发现问题，提出问题，再解决问题，从中得到成功的体验，从而让学生想问。

四、培养学生认真完成作业和检查的习惯

作业是课堂教学的升华，可以巩固课堂学到的知识，加深对课本知识的理解。独立完成作业并认真检查是学生所要具备的良好学习习惯之一。在教学中我一直这样要求学生。

（一）认真审题，仔细运算

审题是正确解题的前提。我在课堂上教给学生审题方法，要求学生边指边读，读中画出重点字、词，养成用符号标记的习惯，通过读弄懂题目中的已知条件和问题，想好解题思路再动笔。

（二）规范书写，保持清洁

作业的格式、数字的书写、数学符号的书写都要求正确、规范、美观。

（三）细心计算，检验改错

计算是小学生数学学习中最基本的技能。我要求学生必须用草稿纸计算，不管题目难易都要认真对待。作业完成后要认真检查和验算，争取做到万无一失。

俗话说得好："少年若天性，习惯成自然。"一语道出了习惯培养的重要性。因此，学习数学的良好习惯，是学生必备的素质，是学好数学的保证。当学生养成了良好的数学习惯，才能真正让学习数学的过程变得轻松愉快，才会促进学生数学素养的提高。

浅谈新媒体对培养小学生数学阅读能力的影响

济南市莱芜区汶源学校　李　娟

《数学课程标准》明确指出："数学应注重培养学生包括数学阅读能力、应用能力和探究能力等各种能力。"面对新媒体环境，小学生数学阅读能力的培养备受关注，要求他们在学习数学知识的过程中具备最基本的阅读和理解能力。结合具体的教学实践加以分析，我发现在新媒体环境的影响下，相关媒介作用的发挥可以帮助学生更加深入地解读数学内容，同时可以传授给学生丰富多样的阅读技巧。

一、应用新媒体技术，让小学生的数学阅读理解更加直观形象

小学数学教师或学生家长可以借助新媒体对小学生数学阅读能力的影响，培养小学生适应新媒体时代的多元数学阅读能力。枯燥的语言文字在新媒体的支持下，把生动形象的生活场景展示在学生面前，减轻了理解生活语言的难度并减少对生活语言理解上的分歧。例如：我们一共来了10人，我前面有3人，你知道我后面有几人吗？这种题对于一年级的小学生理解起来难度不小。如果借助多媒体，学生比较容易理解此题的含义，从而能转化为

数学语言并解决此题。

如果没有多媒体的帮助，孩子们理解的歧义多数表现为总人数-前面的人数=后面的人数。但是通过多媒体，能还原生活场景，孩子们就不难理解：总人数-前面的人数-我=我后面的人数。从而把生活语言抽象转化成含有数学关系的数学语言。

二、综合运用新媒体，可以提高学生数学阅读的效率

新媒体在我们的生活中有广泛的应用，教师也可以综合使用多种新媒体来制作课件，以提高教学的效率。数学阅读要求学生具备一定的阅读基础，教师可以适当设计阅读问题，让学生有层次地根据问题展开有效率的阅读。对已知的一些内容，让学生大体浏览；对核心的知识点应该让学生精读，然后反复钻研再确定主旨大意。例如：我们可以把所需要的材料用手机拍下来，插入课件或希沃白板中直接使用。在解决数学问题时，我们要求学生做到三读、三画，把题目放进希沃白板用里面的工具笔直接圈画示范：一读圈画数字和单位，二读圈画关键词，三读找出问题中的数量关系。在白板中进行示范更形象直观，便于孩子掌握阅读的方法，用这些方法解决数学问题效率更高。也可以把一些数学问题放手给学生讲解，让学生当小老师，找出重点，借助数形结合等数学方法，找准等量关系，解决问题。把抽象的数学阅读，上升到数学方法。录成视频，在课堂展示，既起到榜样示范作用，又提高了数学阅读的效率。

三、借助新媒体平台，调动学生数学阅读兴趣

伴随着新媒体技术的广泛应用，小学生数学阅读能力的培养途径逐渐丰富起来，通过具有影响力的媒介，让学生看到具有吸引力的素材，以高度的

参与热情，投入到阅读活动中。教师应该正视当前的实际情况，科学地营造具有针对性的问题情境，帮助学生适当地展开有效阅读，促使阅读体现出层次感，确保他们可以在阅读后获益。教师还应该重视新媒体技术的应用技巧，通过传授学生正确的使用方式，让他们可以积极利用，确保其阅读的视野更加开阔。

四、借助新媒体平台，提升学生综合能力

在新媒体环境的影响下，学生综合能力的提升备受关注。教师应当积极借助新媒体平台，让学生的数学阅读更具实效，同时也能适当地减轻他们的学习压力。针对阅读不到位的学生，教师应该鼓励他们寻找适合自己的阅读方式，促使其不断地提升自己的阅读能力，从而使整个班级的阅读水平也不断提高，保证每一位学生的综合能力可以在这个过程中稳步提升。

五、新媒体技术展示，可以帮助学生理解题中的一些关键词

运用多媒体展示平台，抓住重点词语进行理解。例如：“原来”一词，岸上原来有一些青蛙，跳进水里3只，还剩9只，岸上原来有多少只青蛙？通过多媒体展示，让学生思考题目中原来的含义，解决关键性问题：“什么时候才算是原来？”让学生们都知道，青蛙没有跳到水里的时候才是“原来”，这时候就用多媒体展示：让我们把跳进水的青蛙请回来。让学生理解题目中的原来是“没跳进水的青蛙和跳进水的青蛙合起来才是原来岸上的青蛙”，从而理解解决这个题需要用加法计算。然后举一反三，列举更多的类似例子，巩固学生对这类题的理解。

在新媒体时代，充分利用新媒体技术，可以培养小学生的数学阅读能

力，提高小学生阅读的效率，养成独立阅读的习惯。在新媒体影响的大环境中，小学数学阅读教学需要与时俱进，重视新媒体技术的应用价值，促使学生的阅读能力稳步提升。

教学课例

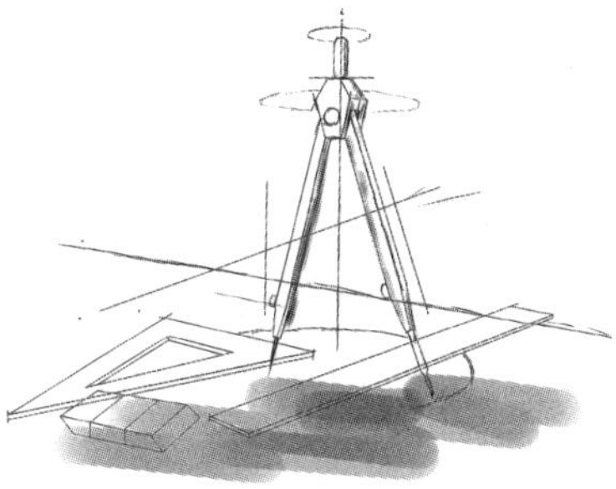

《物不知数》教学设计

济南市莱芜区汶源学校　赵　翠

苏霍姆林斯基说过：“让学生变聪明的办法不是补课，不是增加作业，而是阅读，阅读，再阅读。”为提高学生的阅读能力和思维水平，我设计了数学阅读拓展课《物不知数》。

“物不知数”顾名思义就是物体不知道个数，最早记载于《孙子算经》中：“今有物不知其数，三三数之剩二，五五数之剩三，七七数之剩二，问物几何？”

教材分析：

本节课的内容是青岛版数学教材四年级下册“你知道了吗”启发进行拓展设计的。通过搜索资料，我认为现在广义的“物不知数”问题主要包含无余类，例：三三数，五五数，七七数，正好数完；同余类，例：三三数余二，五五数余二，七七数余二；同缺类，例：三三数余二，五五数余四，七七数余六以及没有规律的一般类，例：三三数余二，五五数余三，七七数余二这四种类型。在解决问题上：都是先求出3、5、7的最小公倍数105，找出符合条件最少的数分别为105、105+2、105-1、23，然后发现添加最小公倍数的几倍，余数都不变改变，因此，符合条件的人数为：105×n、

105×n+2、105×n-1、105×n+23。在数学方法上，解决无余、同余、同缺类采用的是数形结合和列举法，解决一般类问题采用的是尝试法和列举法。

学情分析：

课前，我设计了前测题，58%的同学只知道无余、同余类问题的最少数，不会列举出其他符合条件的数，同缺类部分学生未发现规律，一般类大部分同学不会解决，需要教师的引导。

教学目标：

1. 借助古代经典数学名题，运用一定的阅读方法探索“物不知数”无余、同余、同缺、一般问题的解决方法，灵活运用数形结合、尝试法、列举法解决数学问题。

2. 通过独立阅读、独立思考、小组合作等活动，培养学生良好的阅读习惯和合作交流能力。

3. 借助古籍，促进学科间的融合，感受数学文化的博大精深，借鉴古人智慧，继承古人精神，增强民族自信心和自豪感。

教学重难点：

重点：借助古代经典数学名题，运用阅读方法探索“物不知数”问题的解决方法。

难点：灵活运用不同的数学方法解决“物不知数”问题。

教学过程：

一、故事导入，激发兴趣

师：又到了数学阅读课的时间了，同学们高兴吗？现在开启我们的阅读之旅，先猜猜这是谁？西汉开国功臣，中国历史上杰出的军事家，被后人奉为“兵仙”“战神”……他就是韩信。相信同学们都听过一个词——韩信点兵。韩信点兵是一个怎样的故事呢？

师：请同学们速读、精读“韩信点兵”的故事，找出数学信息和问题。（一次，韩信率兵与楚国大将李锋交战。苦战一场，胜负未分，各自败退回营。汉军个个疲惫不堪，忽有后军来报，说有楚军骑兵追来，汉军顿时惊慌失措。为了鼓舞士气、重振军威，韩信先估计了士兵的大约人数，然后让士兵排队，第一次每3人站成一排，第二次每5人站成一排，第三次每7人站成一排，每次排队后分别报告最后一排有几人。没想到韩信立马准确说出士兵的人数，士兵们相信韩信是“神仙下凡”“神机妙算”，于是士气大振，一时间旌旗摇动，鼓声喧天。汉军步步紧逼，奋勇迎敌，交战不久，楚军乱作一团，大败而逃。）你知道韩信是怎样计算出人数的吗？

二、分析推理，探求新知

生1：我找到的信息：第一次每3人站成一排，第二次每5人站成一排，第三次每7人站成一排，每次排队后分别报告最后一排有几人。问题：有多少名士兵？

生2：我对信息的理解是……

师：你的讲解真清晰，这里的3人站一排，也就是三个三个的数，简称为三三数，5人站一排就是五五数，7人站一排就是七七数，“每次排队后分别报告最后一排有几人”用数学语言描述它就叫“余数”，要想知道有多少名士兵首先要知道余数是几。余数可能会出现哪些情况呢？你能举例说明吗？

生：三三数余数可能是1—2，五五数余数可能是1—4，七七数余数可能是1—6。

师：你总结得真全面，这些余数随机搭配就会出现不同的情况，例如三三数余一时，五五数可能余……

生1：三三数余二，五五数余三，七七数余二。

生2：三三数，五五数，七七数，正好数完……

师：这么多的例子我们能一一解决完吗？不能的话那怎么办？

生：……

师：我们可以先分分类，然后分别选取其中的一个例子，解决了这一个例子也就是解决了这一类的问题。怎样分类呢？你认为这些例子可以分为哪几类？

生：××是没有余数的，××和××是余数相同的，××和××是余数不同的……

师：像这样没有余数的类型我们可以给它命名为“无余”，而这些都属于“有余”。在有余类中，余数相同时，我们可以命名为“同余”，余数不同没有规律时，我们可以命名为“一般”。

老师分别选取了这三个例子，那这三种情况分别可能有多少名士兵呢？先独立思考，有想法后再小组交流。

小组讨论交流（4分钟）。

全班展示汇报。

师：我们先来交流无余的情况，谁愿意分享？

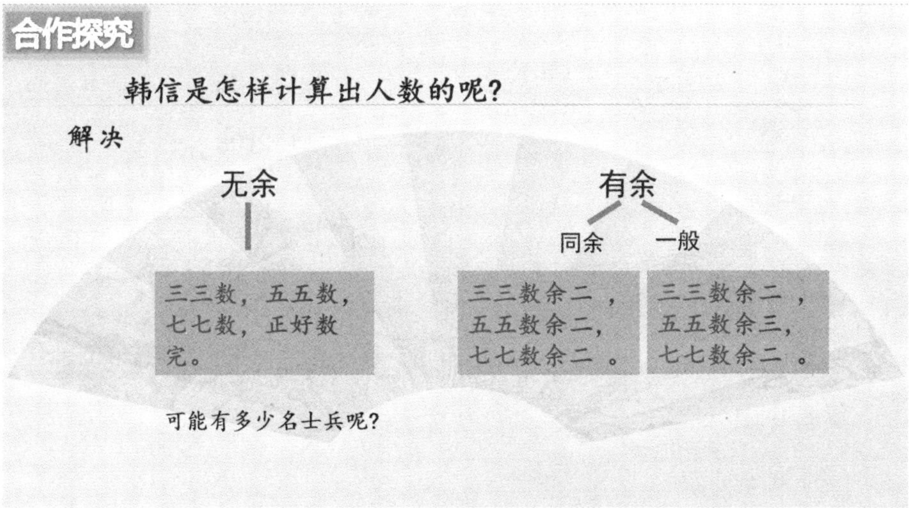

图1　物不知数课程课堂演示1

（一）无余问题

生1：没有余数时（三三数，五五数，七七数，正好数完），人数就是求它们的最小公倍数，也就是3×5×7=105（人）。

生2：除了105人，还可能有2×105、3×105……

（提示：韩信一名大将，只带105名士兵打仗？除了105名，还有可能有多少人？）

生：除了105人，还可能有2×105、3×105……

师：为什么这样算？说说你的理由。

生：……

师：我们一起来看，我们发现除了最少的105人，人数还有可能是105的倍数，用含字母的式子表示为：105×n。

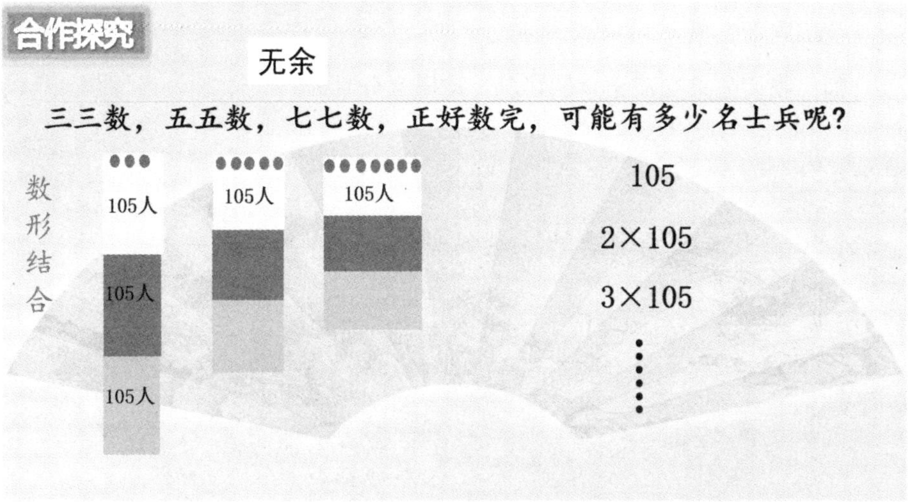

图2　物不知数课程课堂演示2

（二）同余问题

师：解决了无余问题，再来看同余问题（三三数余二，五五数余二，七七数余二），你是不是有什么新启示呢？可以先自己修改再交流。

生1：105＋2=107（人）。

生2：除了107人，还有107×2、107×3……

生3：除了107人，还有107＋105、107＋105＋105……再添上105人，105人三五七数都没有余数，再添上105人，只是增加了一些行数，余数依然是二。

生4：再添加107人，原来余2人，后来又余2人，那么就会剩余4人。只有添加105人时，余数才不会改变。

师：我们一起来看，我们发现除了最少的105＋2人，人数还有可能是105的倍数加2，用含字母的式子表示为：$105\times n+2$。

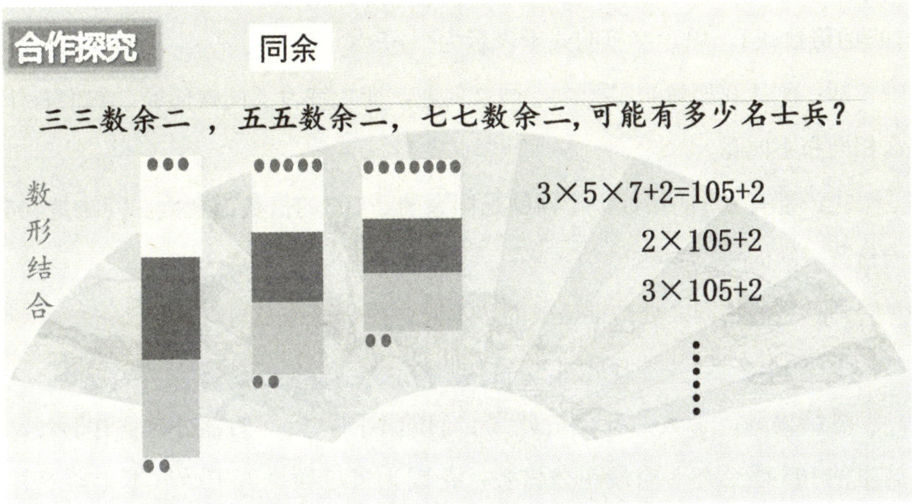

图3　物不知数课程课堂演示3

（三）变式练习——同缺问题

师：看来同学们都掌握了这两种方法，那这样呢？（三三数余二，五五数余四，七七数余六，可能有多少名士兵？）睁开你智慧的眼睛仔细观察，看看你发现了什么规律。

生：余数二、四、六它们是倍数关系。

师：这只是表面的现象，要透过现象看到本质？

生：都缺1。

师：你有一双敏锐的眼睛，数学解决就是要发现数与数、量与量之间的关系，只要发现关系就简单了，像这样的类型我们可以命名为同缺类。独立思考并记录下来。

师：说说你是怎么解决的？

生：余数都缺1，最少人数为：105-1=104，除了105-1，再添加105人，三五七数都缺1，如果再添上104人，那三五七数都缺2了，因此，除了105，还有2×105-1、3×105-1……还有很多不同的人数。

师：我们一起来看，我们发现除了最少的105-1人，人数还有可能是105的倍数减1，用含字母的式子表示为：$105\times n-1$。

师：刚才我们解决了无余、同余问题，变式练习了同缺问题，它们有什么相同和不同呢？

生：都有105的倍数，不同的是同余的是105的倍数加余数，同缺是105的倍数减缺的数。

师：它的相同之处是谁造成的？不同之处是谁造成的？

生：……

总结提升：余数的变化造就了它们的不同。相同的部分是：105×n，这里的105是三五七的最小公倍数，正因为三三数、五五数、七七数这样的数数方法没变才造就了它们的相同，这里的n可以是1，也可以是2、4、7……，它又告诉我们什么呢？当增加一个105时，余数会不会变化？增加两个105余数会变化吗？三个呢？九十九个呢？反过来，如果是减少呢？也就是说：人数增加或减少最小公倍数的几倍都不会影响余数的变化。

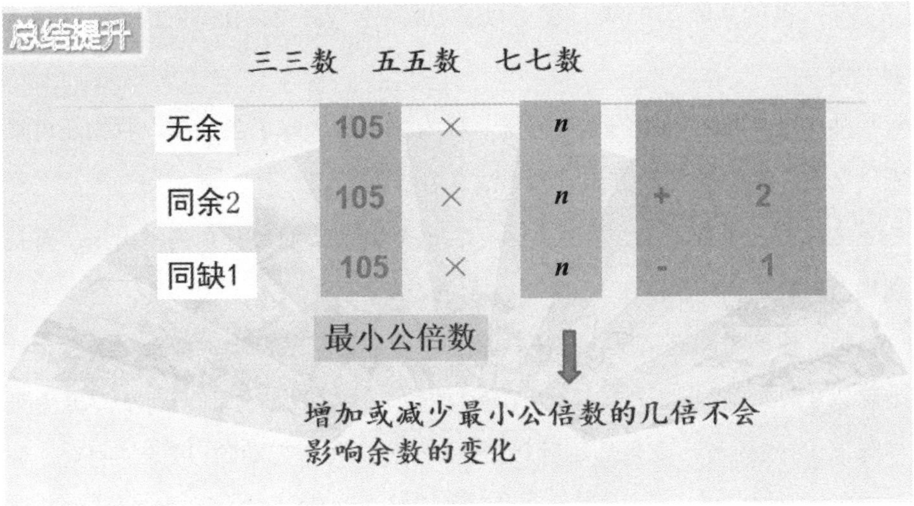

图4 物不知数课程课堂演示4

（四）一般问题

师：同样是三三数、五五数、七七数，如果是一般类问题怎样解决呢？（三三数余二，五五数余三，七七数余二，可能有多少名士兵？）你愿意分享你们小组的成果吗？

生：（展示尝试法）通过观察，我们发现三三数和七七数同余2，至少有$3\times7+2=23$人，23人五个五个地数正好余3人，因此士兵最少有23人。

师：你跟华罗庚爷爷的想法一样，你具有一名数学家的潜质呢。除了最少的23人，当然还可以添上一些人数。再添加的人数需要满足什么条件呢？

生：需要满足三三数、五五数、七七数，只是添加一些行数，不改变余数。

生：我觉得添加23人或105人。

生：再增加23人时，余数变了，23人三三数原来余2，再增加23人，三三数又余2，现在余4。

生：105人时余数都没变，因为105是三五七数都没余数，所以再添上105的倍数，原来的余数不会变。

师：也就是除了23人，还可以是105＋23人、2×105＋23、3×105＋23……

师：刚才我们采用的这种方法，称为尝试法。除了尝试法，我们还可以采用（刚才那位同学的方法）列举法。怎样列举呢？

生：将三三数余二、五五数余三、七七数余二的数分别列举出来，再找到相同的数。

师：你的思路真清晰，三三数余二、五五数余三、七七数余二的数也就是除以3余2、除以5余3、除以7余2的数。这样我们分别来列举，男生列举除以3余2的数，女生列举除以5余3的数，老师列举除以7余2的数，分别列举出10个。

师：说说你列举的数。通过列举发现士兵人数最少为23人，同样，除了23，还有105＋23、2×105＋23、3×105＋23……用含字母的式子表示为$105\times n+23$。

师：我们再回到故事，请看阅读记录单的反面，你知道有多少名士兵吗？

生：原来有1500名士兵，死伤四五百人，士兵的人数大约在1000名，105×10＋23=1073（名）。

师：在古代你就是神机妙算的韩信。我们集合大家的聪明才智采用尝试法、列举法解决了一般类问题，这两种方法你更喜欢哪种？为什么？

生：……

师：看来同学们都有自己的思考，我们要根据实际情况选择恰当的解题方法。我们解决了无余、同余、同缺、一般类问题，它们有什么共同点？

生：……

总结：不论哪种方法，解决问题的关键就是最小公倍数，再找到符合条件的最少人数，再增加或减少最小公倍数的几倍都不会影响余数的变化。

三、猜测古法，传承智慧

师：无论出现哪种情况，韩信都能巧妙运用数学知识鼓舞了士气才能一鼓作气歼灭敌军。数学在古在今，它的作用都是不可估量的。“韩信点兵”问题在数学上称为“物不知数”问题。“物不知数”顾名思义就是物体不知道个数，早在公元四五世纪的《孙子算经》中就记载了“物不知数”问题，并给出了解法，我们一起来了解一下。

播放视频。

师：古人发现要同时满足这三个条件太难了，能不能一步一步来满足呢？我先算五五数七七数没余数，三三数余一，最小的数是70。题目中要求三三数余二，那满足五五数七七数没余数，三三数余二，最小的数应该是……

生：71。

师：71满足了三三数余二，满足五五数七七数没有余数这个条件吗？

生：最小的数是70×2。

师：其次，我再想满足三三数七七数没有余数，五五数余一，最小的数是21，题目中要求五五数余三，那最小的数应该是21×3。最后找到三三数五五数没有余数，七七数余一，最小的数是15，题目中要求七七数余二，那最小的数应该是15×2。现在要同时满足三三数余二、五五数余三、七七数余二，需要把这些结果……

生：合起来。

师：合起来是233，如果这个数要比233大，可能是多少？再大呢？如果比233小呢？

生：如果比233大是：233+105，如果比233再大是：233+2×105、233+3×105，……如果比233小是：233-105。

师：同学们你知道吗？我们刚才创造了一种新的解题方法——这就是逐步满足法的雏形，以后的学习中我们还会进一步去研究逐步满足法。

师：后来，“物不知数”问题，传入西方后，外国人称它为“中国剩余定理”，直到18世纪数学家欧拉才发现这一问题的解决规律，比我国晚了五百年左右。我们探索出“物不知数”的现在解题方法，了解了古代的解题思路，你有什么想说的？

生1：古人真是太聪明了，能解决这么复杂的问题。

生2：古人的方法比较麻烦，现在的方法比较简洁。

师：他对古今方法进行了对比，那古今方法有什么异同？

生3：都是增加105人或减少105人，105是它们的最小公倍数，增加或减少这些人数，原来的余数不变。

生4：现在的方法是先找到符合条件最少的人数，再依次增加105的几倍，古代的方法是先找到符合条件的某一个数再依次增加或减少105。

生5：我们知道了古人的方法是现在逐步满足法的雏形。我们学习的同时还要不断改进，进一步发展……

师：中国剩余定理堪称数学史上名垂百世的成就，我们今天名题今赏、古法今用、今法妙用，我们在吸收古人智慧的同时，还要不断改进创新，传承中国智慧，助力世界发展。

四、理论升华，实践应用

师：在信息化时代的今天，我们基于中国剩余定理的性质，设计群签名方案，自己读一读。（可以在不影响个人签名的情况下，实现其他成员的加入和撤销，同时满足了签名的匿名性、不可伪造性，保障了签名的安全性。在当代密码学中有着广泛的应用和影响。）虽然它的应用对于身为小学生的我们难以理解，但不久的将来，你一定能赋予它新的含义。

五、回顾整理，趣谈收获

师：本节课也接近尾声了，通过本节课的学习，你有哪些收获？

生：……

《马小跳玩数学　3年级》整本书阅读教学设计

济南市莱芜区汶源学校　刘　斐

教材分析：

《马小跳玩数学　3年级》是一本适合三年级学生阅读的数学课外读物。这本书由内容简短且风趣的小故事组成。书中的主人公——马小跳是一位聪明可爱的小学生，学生在读书的过程中，和马小跳一起积极动脑思考，去发现生活中的数学，在生活中玩转数学，感受探究数学的乐趣。

学情分析：

三年级学生很喜欢读数学故事，在学习数学时，喜欢从故事中寻找数学、感受数学的魅力。教师指导学生数学阅读的方法、引领学生读拓展学生思维的数学读本，可以开阔学生的视野，激发学生数学阅读的兴趣。

教学目标：

1. 通过导读，感受数学的有趣，探寻数学故事背后存在的数学规律和本质。

2. 通过交流提高阅读的兴趣，培养“读思结合”的阅读习惯，在积极的思考中学会解决问题。

教学重难点：

通过导读，培育学生读思结合的习惯，激发学生数学阅读兴趣。

教学过程：

一、推介读物　激趣导入

课件出示数学读物《马小跳玩数学　3年级》的图片。

师：同学们，今天老师给大家带来一本书：《马小跳玩数学　3年级》（出示数学阅读书）。这本书里有很多有趣的数学故事，大家想不想读？其实，书中的很多故事非常精彩，下面，让我们一起走进这本书吧！

二、浏览书本　整体感知

（一）方法指导

师：读书要有一定的方法。当你拿到一本书时，应该先看什么，再看什么？该怎样看？

学生说自己的想法。

师：在拿到一本书时，我们通常先看作者简介，再看序言，最后浏览一下目录。我们先来看看作者简介。作者简介一般在哪里？从作者简介中你了解到一些什么？简单介绍一下。

学生简单介绍对作者的了解。

师：再看序言《一起来玩转数学吧》。请同学们快速浏览一遍。

你从序言中了解到什么？

学生快速浏览序言，然后自由发言。

师：除了看作者简介和序言，我们还要看目录。通过看目录可以了解所看书的大概内容。

从目录中你能了解到一些什么信息？

请学生自由发言。

生：书中都是一些有趣的数学故事，共90篇。

……

(二) 教师小结

我们拿到一本书时，通常先以浏览的方式通读整本书，再通过读作者简介、序言、目录对整本书有大体的了解，从而为我们下一步的精读做好准备。

三、阅读指导　自主探究

(一) 指导学生读《数手指》

1. 做游戏：数手指。

师：在这本书中，有这样一个题目，请大家和老师一起做：伸出你的左手，从大拇指开始1、2、3、4、5地数，数完小手指再往回数，循环往复，一直数到2020，你知道会数到哪根手指上吗？数到10000又会数到哪根手指上呢？这里面有什么规律吗？

生做游戏并思考。

师：同桌两人把各自的发现进行交流。

生同桌交流。

2. 阅读《数手指》。

师：同学们有发现了吗？请你阅读《马小跳玩数学　3年级》的68页《数手指》，阅读后，你就会知道其中的奥秘！

指导学生自主阅读《数手指》。然后交流发现。让学生尝试说出其中的道理。

师：小故事，大道理，相信现在你也能揭示其中的奥秘了！这就是阅读带给我们的快乐。

（二）指导学生读《装玩具》

1. 自主阅读《装玩具》，尝试解决问题。

师：请同学们打开书，翻到第20页：《装玩具》。仔细阅读这篇数学故事，你能解决故事中的数学问题吗？（指导学生自主阅读并交流信息问题。）

生交流解题思路。

2. 课件出示数学故事蕴含的数学信息、数学问题及解题方法。

（1）这篇故事的数学信息为：玩具厂新生产了350只玩具毛毛熊，要装箱后出口。可是，现在只有3个木箱子和8个纸箱子。木箱子刚好是纸箱子的两倍大。数学问题为：该往这两种箱子里各放多少只毛毛熊，才能使纸箱子里的玩具一样多，木箱子里的玩具一样多？

（2）解题密码。

方法1：木箱子是纸箱子的两倍大，就是说2个纸箱子装的玩具数量和1个木箱子装的玩具数量一样多。

8÷2=4（个）——表示把8个纸箱子看作4个木箱子。

4＋3=7（个）——表示把所有的箱子看作7个木箱子。

350÷7=50（只）——表示每个木箱子里放50只毛毛熊。

50÷2=25（只）——表示每个纸箱子里放25只毛毛熊。

师：还有的同学是用的下面这种方法。

方法2：木箱子是纸箱子的两倍大，就是说1个木箱子装的玩具数量和2个纸箱子装的玩具数量一样多。

3×2=6（个）——表示把3个木箱子看作6个纸箱子。

6＋8=14（个）——表示把所有的箱子看作14个纸箱子。

350÷14=25（只）——表示每个纸箱子里放25只毛毛熊。

25×2=50（只）——表示每个木箱子里放50只毛毛熊。

师：以上两种方法都是正确的。这两种方法思路一致，第一种方法计算起来更加简便，大家可以选择自己喜欢的方法解决问题。

（三）教师小结

师：同学们经过认真阅读，动脑思考，解决了装玩具的问题。想一想，你是怎样解决这一数学问题的？

学生总结阅读数学故事，解决数学问题的方法。

师：我们一起来总结一下方法。

1. 浏览全文内容，了解故事内容。

2. 找出数学信息和数学问题。这是最关键的一步，一定要细心读，做到圈、点、勾、画。

3. 分析数学信息，解决数学问题。有困难的同学可以参照解题密码。

师：读书除了会读，还要会思考。课下，同学们可以运用这一方法进行数学阅读。

四、总结反思　学以致用

（一）交流阅读感受

师：通过阅读书中的两个故事，同学们有什么感受？

生谈阅读数学故事的感受。

师：你还想阅读哪些数学故事？

生自由发表意见。

师：看来，同学们在阅读中获得了数学学习的快乐，其实书中还有很多有趣的数学故事等着同学们去阅读，去细细品味。

（二）制定阅读计划

师：为了更好地阅读，老师给大家制定了一份阅读计划。

1. 每天读一篇数学故事，画出文中的数学信息和数学问题，找出解决问题的方法。

2. 每两周开设一节阅读交流课，以小组为单位进行汇报交流。汇报交流方式多样化，如做手抄报、写数学日记、谈收获等。

师：希望同学们深入阅读这本书，在阅读交流课中再分享大家的收获。

《圆的认识》教学设计

济南市莱芜区汶源学校　卞君英

教材分析：

《圆的认识》是青岛版数学教材五年级下册中的教学内容。它是在学生认识了长方形、正方形、三角形等多种平面图形的基础上展开的，也是小学阶段认识的最后一种常见的平面图形。本节课要求学生进一步认识圆、了解圆的特征，掌握用圆规画圆的方法，渗透了曲线图形和直线图形的关系。通过对圆的认识，不仅能加深学生对周围事物的了解，提高解决实际问题的能力，也为今后学习圆的周长、面积，圆柱、圆锥等知识打好基础。

学情分析：

《圆的认识》是在学生学习了直线图形的认识和面积计算，掌握了直线图形的研究方法，以及对圆有了初步的感性认识的基础上进行教学的。经过几年的学习，学生已经具备了初步的研究图形的方式方法。学生从学习直线图形的知识到学习曲线图形的知识，不论是内容本身，还是研究问题的方法，都大同小异，可以引导学生借助原有的研究方法来研究新知识。圆规是小学生画圆使用的作图工具，必须向学生详细地介绍圆规的使用方法，并指导学生用圆规画圆。

教学目标：

1. 认识圆各部分的名称，了解在同一个圆里半径和直径的关系；会用不同的方法画圆。

2. 经历折一折、量一量、比一比等活动探究圆的特征，培养观察、分析、抽象、概括等能力。

3. 能发现圆和生活的密切联系，感受生活中处处有数学。

教学重难点：

理解并掌握圆各部分的名称及其特征，并学会画圆。

教学过程：

一、创设情境，提出问题

（一）出示小猪佩奇骑自行车的图片

师：请用数学的眼光来观察，你能提出什么问题？

预设：车轮为什么做成圆的？车轴应安装在哪个位置……

（二）梳理并小结

大家提出的这些问题都非常有价值，相信经过这节课的学习，你一定会找到满意的答案。下面，我们一起来认识圆。

设计意图：利用多媒体课件创设问题情境，把数学与学生生活实际联系起来，使学生感到生活中处处有数学，从而对数学产生浓厚的兴趣，开启学生思维的闸门，学起来自然亲切、真实，同时培养学生对知识的探究能力和探究习惯。

二、实验探索，建立模型

(一) 回忆研究内容与方法

出示长方形、正方形、平行四边形、三角形、梯形图片。

师：这是我们已经学过的平面图形，现在请你来回想，我们在研究这些平面图形时都研究了它们哪些方面的问题？

预设：我们曾经研究过他们各部分的名称，研究过它们的周长和面积，还研究过它们的特征……

师：在研究这些问题的时候我们用到了哪些方法？

预设：用过量一量的方法，也用过折一折的方法，还用过剪拼的方法。比如：把一个平行四边形沿着它的一条高剪下来，平移到另一边，组成了一个长方形，借助长方形的面积来研究平行四边形的面积……

师：圆是小学阶段我们要学习的最后一个平面图形，大家先来比较一下圆和前面这些平面图形有什么不同的地方。

预设：圆上没有角，圆是曲线图形……

师：请你来猜猜看，接下里我们将要研究圆的哪些方面的内容？

预设：我们将要研究圆的特征，圆的周长、面积……

师：同学们可真了不起，你们想到的这些内容都是我们要逐步研究的问题。通常，我们在研究一类知识的时候，研究内容和方法都会大同小异。

(二) 出示目标和问题清单

学习目标：

1. 认识圆各部分的名称，了解在同一个圆里，半径和直径的关系；会用不同的方法画圆。

2. 经历折一折、量一量、比一比等活动探究圆的特征，培养观察、分析、抽象、概括等能力。

3. 能发现圆和生活的密切联系，感受生活中处处有数学。

问题清单：

1. 你能用哪些方式画圆？

2. 你发现了圆的哪些奥妙，是怎么发现的？

师：有了目标就有了前进的方向。这部分知识大家都已经预习过，下面，我们根据问题清单进行交流分享。

（三）交流分享

1. 画圆的方法。

师：我们先看第一个问题：你能用哪些方式画圆？

预设：我把水杯盖子按在纸上，用铅笔绕着它的外圈画一圈，就画出了一个圆。我把一根绳子的一端固定，另一端系在铅笔上画了一个圆；我用圆规画了一个圆……

师：同学们非常有创意，用不同的方法画出了这么多圆。下面请同学们按要求用圆规画一个圆：请你画一个直径为4厘米的圆，并画出它的圆心、半径、直径。

思考交流：为什么都是要求画一个直径为4厘米的圆，有的同学画的圆大，有的同学画的圆却小呢？怎样才能画出一个完美的圆？

沟通反馈：圆的大小是由半径决定的，圆的位置是由圆心决定的。画圆需要三步：定半径，定圆心，转一圈。在交流总结的过程中，明确圆规的使用方法。

跟踪练习：判断哪些线段是直径或半径。

设计意图：“儿童的智慧就在他的手指尖上。”动手操作的过程，不仅能使学生学得生动活泼，而且对所学知识能理解得更深刻，记忆得更牢固。看似简单的画圆问题，实则是让学生通过操作、观察、表述、概括等步骤，循序渐进地掌握用圆规画圆的方法，体验平面图形之间的关系，为后续教学奠定好基础。从而培养学生自学的能力、用数学语言表述的能力，发展数学思维。

2. 圆的特征。

首先请同学们在小组内交流第二个问题：你发现了圆的哪些奥妙，是怎么发现的？然后请学生到讲台上交流本组的发现，在交流补充的过程中逐步明确圆的特征。

圆有无数条直径和半径，在同圆或等圆中，所有的半径都相等，所有的直径也都相等，直径是半径的2倍。

三、巩固拓展，应用模型

（一）口答我最棒

半径（r）	20		7		0.39
直径（d）		6		0.24	

请学生口答并提问：大家算得这么快的根据是什么？

（二）我是小法官

1. 两端都在圆上的线段叫作直径。（　　）
2. 在同一个圆内只可以画100条直径。（　　）
3. 所有的直径都相等，所有的半径都相等。（　　）
4. 画圆时圆规两脚间的距离是圆的半径。（　　）
5. 圆心的位置确定圆的位置，半径的长度确定圆的大小。（　　）

请学生判断并说明理由。

（三）学以致用

1. 学校田径运动会即将举行，你有办法帮学校在操场上画出一个半径为10米的圆吗？

2. 在一个长10米，宽8米的草地上安装自动喷水装置，这种装置喷水的半径为5米，你准备安装几个，怎样安装？请说明理由。

请学生独立思考并说明理由。

（四）数学阅读

刘徽的割圆术

我国古代的刘徽一直潜心钻研圆周率的计算。一次，刘徽看到石匠在加工石头，觉得很有趣就仔细观察了起来。“哇！原本一块方石，经石匠师傅凿去四角，就变成了八角形的石头。再去八个角，又变成了十六边形。”一斧一斧地凿下去，一块方形石料就被加工成了一根光滑的圆柱。谁会想到，在一般人看来非常普通的事情，却触发了刘徽智慧的火花。他想：“石匠加工石料的方法，可不可以用在圆周率的研究上呢？”于是，刘徽采用这个方法把圆逐渐分割下去，一试果然有效。他发明了亘古未有的“割圆术”。他沿着割圆术的思路，从圆内接正六边形算起，边数依次加倍，相继算出正十二边形、正二十四边形……直到正一百九十二边形的面积，得到圆周率π的近似值为157/50（3.14）；后来，他又算出圆内接正三千零七十二边形的面积，从而得到更精确的圆周率近似值：π≈3927/1250（3.1416）。

想一想，刘徽是怎么发明割圆术的？

刘徽在计算圆周率找不到好方法时，偶然看到石匠把石料从八边形变成十六边形，最后变成了圆柱。这本是不起眼的事情，可刘徽却独具慧眼，联想到计算圆周率也可以用类似的方法，终于发明了割圆术，在世界上把圆周率计算精度提高到了一个新的水平。

四、拓展延伸，激励后续研究

师：现在我们回到现实，你能用数学知识解释车轮为什么要做成圆的吗？车轴应安装在哪里？

请学生用所学知识来说明理由。

师：大家用数学知识解决了生活中的问题，但是我们希望当你遇到问题的时候能够问一句“一定是这样吗”“轮子一定要做成圆的吗”。

预设：轮子也可以做成三角形或者是正方形的，在一些特殊的地面上，比如像三角形一样的地面，轮子正好和地面吻合的话，行驶起来就比较方便了……

师：老师为大家的奇思妙想点赞，在生活中有没有不是圆形的轮子？

预设：履带车的车轮是正多边形的，和地面的接触面积大，所以，它可以在泥泞的地上行驶……

设计意图：由圆形车轮的合理、到特定情况下不圆车轮的合理，开阔了学生的视野，课堂在充满张力的思考中绽放出理性之美。

师：大家真是善于观察的好孩子，下面咱们来轻松一下，一起欣赏美妙的圆。（生活中各类圆的图片，最后一页是各类自行车的图片。）通过刚才的欣赏，站在数学的角度你又发现了哪些问题？

预设：为什么车轮有的前面大后面小呢？变速车为什么有那么多齿轮呢……

师：这些问题留给大家课后研究，相信一定会有更多的惊奇在等待着大家。

设计意图：数学是一扇窗，窗外是一个五彩缤纷的世界。教学中的适度拓展，将学习引入一个更为广阔、深远的天地之中，相信学生会有新的发现，这些发现也会给我们惊喜。

《圆柱圆锥的体积》教学设计

济南市莱芜区汶源学校　谢文秀

教材分析：

本节课是在认识了圆，掌握了长方体、正方体的特征以及表面积与体积计算方法的基础上进行学习的。圆柱与圆锥都是基本的几何形体，也是生产生活中经常遇到的几何形体。教学这一部分内容，有利于发展学生的空间观念，为进一步应用几何知识解决实际问题打下基础。

学情分析：

在学习长方体、正方体体积时，学生已经初步理解了体积和容积的含义，掌握了长方体和正方体的体积计算方法，之后又学习了圆面积的计算方法，这些知识都为学习圆柱和圆锥的体积打下基础。特别是长方体和正方体体积计算公式“底面积×高”，对探索掌握圆柱和圆锥的体积计算方法有正迁移作用。

教学目标：

1. 理解圆柱体、圆锥体体积公式的推导过程，掌握计算公式；会运用公式正确计算圆柱、圆锥的体积。

2. 在自主探究圆柱、圆锥的体积公式的过程中，渗透转化思想、极限思想，发展观察能力和分析、综合、归纳推理能力。

教学重难点：

圆柱体积、圆锥体积的计算与公式的推导。

教学过程：

一、故事导入

兔家庭和水杯

兔宝宝们放学回家后总想喝凉开水，但是水太热怎么办呢？兔妈妈到超市买来了不同形状的量水杯，有长方体的、正方体的、圆柱体的、圆锥体的，让兔宝宝们每人选一个。

兔哥哥说：“我喝得多，所以我要圆柱体的，圆柱体的杯子容量大。我刚才测量了相关数据，这个杯子的高等于5厘米，直径等于4厘米。”兔弟弟说：“我选一个容量小的，就选圆锥体的吧，这个圆锥体的和你那个圆柱体的等底等高。”

兔哥哥说：“杯子的容量其实就是求它的体积。”同学们，你能帮我们分别求出圆柱、圆锥的体积吗？

（一）学生读故事

（二）复习长方体、正方体的体积计算公式并揭示课题

同学们，文中提到了我们以前学习的哪些立体图形？怎样计算长方体和正方体的体积呢？长方体体积和正方体体积的通用公式是什么？用字母怎样表示？

求长方体和正方体的体积有计算公式，那圆柱体、圆锥体体积有计算公式吗？

今天，我们一起来探究圆柱圆锥的体积公式。

二、探究新知

（一）探究圆柱的体积计算公式

1. 复习圆的面积计算公式的推导过程（结合课件演示）。

师：在研究之前，我们一起回忆关于圆的面积公式的推导过程。

生：将圆沿着直径剪成若干个扇形，然后将这些扇形重新拼成一个近似长方形的图形（分的份数越多，拼成的图形越接近长方形），这个近似长方形的长等于圆周长的一半 πr，宽等于圆的半径 r。因为长方形的面积 = 长 × 宽，所以圆的面积 $S=\pi r^2$。

师：我们用转化和极限的方法，把圆转化为近似长方形，转化前后面积不变，找到转化前后各部分的对应关系，推导出圆的面积公式。请你猜测一下，圆柱可不可以转化成我们学过的图形来求它的体积？

2. 猜想—验证。

（1）提出猜想。

师：请你猜想一下圆柱可以转化成什么形体？如何实现你的猜想？和小组的同学交流一下，然后全班交流。（学生小组交流，教师参与学生的交流。学生交流之后全班汇报交流，教师对学生进行评价。）学生汇报预设如下：

生 1：我们组认为圆柱可以转化为长方体，然后再推导其体积的计算方法。

生 2：我们组认为圆柱还可能会转化为正方体。

生 3：要想实现把圆柱转化为长方体，就要把圆柱沿着底面半径切成若干等份，然后再拼在一起。

师：老师觉得大家的猜想很有道理，老师为大家准备了圆柱体学具，下面就请你和小组的同学一起验证自己的猜想并完成任务单。

（2）验证猜想。

温馨提示：

①借助学具探究出圆柱体积的计算公式。

②组长分工合作，并填写学习单。

③汇报交流，组长用学具展示转化过程。

任务单1

1. 想一想：圆柱可以转化成什么图形呢？利用学具动手试一试吧！

2. 填一填：转化后________、__________变了，________没变。

3. 说一说：转化前后各部分之间的对应关系。

4. 写一写：小组合作推导圆柱的体积计算公式。

展示成果，归纳结论：

小组派代表到前面展示学习成果汇报任务单。

生1：汇报。

1. 想一想：圆柱可以转化成近似长方体。

2. 填一填：转化后形状和表面积变了，体积没变。

3. 说一说：转化前后各部分之间的对应关系。

长方体的底面积相当于圆柱底面积，长方体的高相当于圆柱的高，长方体体积=底面积×高，推导出圆柱体积=底面积×高。

4. 写一写：小组合作推导圆柱的体积计算公式。

生2：补充。

我们小组是这样摆的（拿学具展示），找到他们的对应关系是：长方体的长相当于圆柱底面周长的一半，长方体的宽相当于圆柱的底面半径，长方体的高（h）相当于圆柱的高，通过长方体体积=长×宽×高，推导出圆柱体积：$V=\pi r^2h$。提示：πr^2就是底面积S。因此圆柱的体积公式也可以写成：$V=Sh$。

师：这位同学推导的过程很详细，每一步都说得非常清楚。其他同学还有补充或疑问吗？

生3：形状由圆柱体转化成了长方体，体积不变，但表面积变大了，我不太理解。

师：哪位同学上台演示一下？

生4：（拿拼好的长方体和老师的圆柱体演示）表面积变大了。圆柱体有三个面，一个侧面、两个底面，转化成近似长方体后，前后面是圆柱的侧面积，上下面是圆柱的底面积，又多了两个面。（用手指着说）

师：你演示得真细致！表扬！

课件演示：把圆柱体转化成长方体，并展示把圆柱体转化为近似的长方体的过程。然后演示32等份、64等份拼成的长方体，感受把圆柱的底面平均分的份数越多，拼成的图形就越接近长方体。

师：动画演示等分的份数越多，拼成的图形就越接近长方体。像圆的面积公式推导一样，体现了极限的数学思想。不管等分成几份都是把圆柱体转化为近似的长方体，把平面图形的面积知识利用到了立体图形上，学以致用是一种很重要的学习能力！

(二) 探究圆锥的体积计算公式

接下来我们探究圆锥的体积，请同学们先猜想一下，圆锥的体积会和我们学过的哪个立体图形有关系呢？（圆柱）圆柱和圆锥体积之间到底是什么样的关系，我们该怎么办？怎样实验呢？

预设：将圆锥容器装满米倒入圆柱容器；将圆柱容器装满米倒入圆锥容器。（做实验）好，我们先看看实验要求。

学生读要求实验要求：

1. 各小组成员分工合作；按步骤进行操作并完成任务单2。

2. 操作时要注意：手要平，米要满。

3. 小组上台展示交流过程及结论。

任务单2

1.观察：圆柱和圆锥容器，底面积相等吗？高相等吗？

2.操作：

（1）将空圆锥容器装满小米，倒入空圆柱容器里，（　　）次正好倒满。

（2）将空圆柱容器装满小米，倒入空圆锥容器里，（　　）次正好倒完。

3.发现：圆柱的体积等于和它（　　　　）的圆锥的体积的（　　）倍，或者圆锥的体积等于和它（　　　　）的圆柱的体积的（　　）。

4.结论：小组合作推导圆锥的体积计算公式。

汇报展示：

1. 观察：圆柱和圆锥容器，底面积相等吗？高相等吗？

答：这个圆柱和圆锥的底和高都是相等的。

2. 操作：

（1）将空圆锥容器装满小米，倒入空圆柱容器里，（三）次正好倒满。

（2）将空圆柱容器装满小米，倒入空圆锥容器里，（三）次正好倒完。

3. 发现：圆柱的体积等于和它（等底等高）的圆锥体积的（3）倍，或者圆锥的体积等于和它（等底等高）的圆柱体积的（$\frac{1}{3}$）。

4. 结论：推导出圆锥的体积计算公式$V_{锥}=\frac{1}{3}Sh$。

师：在$V_{锥}=\frac{1}{3}Sh$中，S表示什么？h表示什么？$\frac{1}{3}Sh$表示什么？为什么还要乘$\frac{1}{3}$？

（三）解决问题故事中的圆柱圆锥的体积问题

师：我们通过实验得出了等底等高的圆柱和圆锥体积之间的关系，会求圆锥的体积了。

下面就请同学们算一算图中圆柱、圆锥体水杯的体积吧！学生独立计算，教师对有困难的学生进行指导。学生完成后全班汇报订正，教师对学生进行评价和指导。

圆柱：$3.14\times(4\div2)^2\times5=62.8$（立方厘米）=62.8（毫升）。

圆锥：$\frac{1}{3}\times62.8\approx20.93$（毫升）。

三、自主练习

（一）只列式，不计算（课本第1题）

（二）数学阅读《无处不在的数学》

四、总结提升

谈一谈这节课你有哪些收获，还有什么疑问。

师：今天我们通过猜测、探究、归纳等过程，再次运用转化、化曲为直等数学思想方法，推导归纳圆柱和圆锥的体积公式，在日常生活中的应用也比较广泛。我们要善于发现生活中的数学问题，并学会用所学的知识解决生活中的问题。

这节课就到这里，下课！

《鸡兔同笼》教学设计

济南市莱芜区汶源学校　康　洁

教材分析：

“鸡兔同笼”问题是我国民间广为流传的数学趣题，最早出现在古代数学名著《孙子算经》中。其解法包括列表法、画图法、假设法和方程法。教材在本单元安排“鸡兔同笼”问题，一方面是培养学生的逻辑推理能力；另一方面是让学生体会数学思想和方法。本课的教学重点在于，要把数学思想方法贯穿始终，为学生的终身发展奠定基础，如化繁为简、数形结合、数学建模等思想方法。同时，通过教学让学生理解，解决鸡兔同笼问题策略的多样性和方法优化。

学情分析：

本节课的授课对象是小学五年级的学生。随着年龄的增长，五年级的学生心理逐步趋向稳定，发现问题、分析问题和解决问题的能力与低年级段的学生相比有了明显的提高。他们已经有了较为丰富的生活经验和数学学习经验，教师可以充分利用学生已有的生活经验，引导学生把所学的数学知识运用到解决生活中的实际问题中去。本节课的教学，通过让学生经历自主探究解决问题的过程，体验解决鸡兔同笼问题策略的多样性，感受化繁为简、数形结合的思想。

教学目标：

1. 了解“鸡兔同笼”问题结构，渗透化繁为简、数形结合、数学模型的思想，掌握解决此类问题的多种方法，初步形成用假设法解决问题的一般性策略。

2. 让学生经历自主探究解决问题的过程，尝试用列表、画图、假设、方程等方法解决“鸡兔同笼”问题，体验解决问题策略的多样性。

3. 在解决问题的过程中，培养学生的思维能力、应用意识和实践能力，感受古代数学问题及数学阅读的趣味性。

教学重难点：

理解用假设法解决“鸡兔同笼”问题的算理。

教学过程：

一、创设情境　导入新课

1. 播放《鸡兔同笼》视频，师生共同观看。

2. 让学生了解大约在一千五百年前，数学名著《孙子算经》中的一个有趣的古代数学问题，带领大家学生走进一个不一样的数学世界，了解古人的智慧。

3. 出示问题：“今有雉兔同笼，上有三十五头，下有九十四足，问雉兔各几何？”

4. 学生自主阅读并说题意。“雉”指的是野鸡。

5. 教师口述学习目标。

设计意图：从我国古代数学趣题直接导入，让学生感受到我国数学文化历史的悠久，增强民族自豪感，激发学生探究的兴趣。

二、自主尝试　合作探究

（一）读题找信息，尝试解决

1. 课件出示题目。

笼子里有若干只鸡和兔。从上面数，有35个头，从下面数，有94只脚。鸡和兔各有几只？

2. 明确数学信息。

显性的数学信息：鸡和兔一共有35只，脚一共有94只。

隐含的数学信息：每只鸡和每只兔有一个头；一只鸡有两只脚，一只兔有4只脚，一只鸡比一只兔少2只脚。

3. 明确问题结构。

要求的是鸡和兔的只数，未知量有2个；知道的是鸡和兔的只数的和，还有每只鸡和每只兔的只数以及鸡和兔的脚的和。

（二）大胆猜想，以简代繁

1. 大胆猜想：鸡有几只？兔有几只？

2. 简短口算验证学生的猜想。

3. 感受化繁为简的必要性。

师小结：刚才同学们的猜想答案各不相同，看来数字越大难度就越大，我们把数据改小点，以简代繁看看能不能较为轻松地解决。

4. 课件出示变化后的题目：笼子里有若干只鸡和兔。从上面数，有5个头，从下面数，有14只脚。鸡和兔各有几只？

设计意图：引导学生理解题意，寻找数学信息，找出隐含的条件，帮学生初步理解“鸡兔同笼”问题的结构特点。根据题意，鼓励学生大胆猜想，通过自由验证，感受化繁为简的必要性，渗透化繁为简的数学思想。

（三）合作交流，解决问题

师：你打算怎样来解决这个较为简单的鸡兔同笼问题呢？有想法的同学和同桌交流，然后说一说你们的解决办法。

1. 课件出示小组合作学习要求。

（1）先独立思考，用自己喜欢的方法想一想、画一画、算一算，鸡有几只，兔有几只？

（2）完成学习单后，四人为一小组合作学习，交流解决问题的方法有几种，哪一种最简单，小组长分工并安排发言顺序。

2. 教师巡视并指导学生阅读理解学习单，并解决学习单上的问题。

（四）小组汇报，交流展示

1. 方法一：列表法，重点引导学生观察表格中数据的特点，寻找规律，渗透有序思考的思想。

引导学生通过计算，不断调整，直到找出正确答案。

观察表格并发现特点：兔子每增加一只，鸡就减少一只，脚就增加两只。兔子每减少一只，鸡就增加一只，脚就减少两只。

无论怎样变化，鸡和兔的总只数都是5不变。

教师小结："列表法"，不重复，不遗漏，有序思考。

设计意图：列表法虽然烦琐，但这是一种重要的解决问题的策略和方法，是学习假设法的基础，因此也是本课的重要教学内容之一。让学生以填表的方式初步体验鸡兔同笼情况下随着鸡或兔只数的调整，脚的总数量的变化规律，为后面的学习做好了铺垫。

2. 方法二：画图法，渗透数形结合的思想。

引导学生通过画图，观察：当所画脚数与实际的脚数相比少时，就把鸡换成兔；当所画脚数与实际的脚数相比多时，就把兔换成鸡。

教师小结：“画图法”清晰直观，能有效解决实际问题。

3. 方法三：假设法，渗透数学模型的思想。

引导学生用算式把过程记录下来：

假设全是鸡，脚的总只数：5×2=10（只）

与实际脚的差：14-10=4（只）

一只兔比一只鸡多的脚数：4-2=2（只）

兔：4÷2=2（只）　鸡：5-2=3（只）

教师引导学生重点理解：

4-2=2（一只兔比一只鸡多的脚数）

4÷2=2（要求把多少只鸡换成兔，就是看4里面有多少个2）

假设全是兔，学生独立列式计算。

4. 方法四：方程法，渗透方程的思想。

解：设兔子有x只，则鸡有（$5-x$）只。

$4x+2(5-x)=14$（等量关系：兔子脚的只数＋鸡脚的只数=14）

$4x+10-2x=14$

$2x+10=14$

……

5. 对比列表法、画图法、假设法、方程法四种方法的优缺点，选择最优化的方法。

设计意图：此环节是本课的重点，也是本课的难点，假设法的算理对大部分学生来说，都是比较难以理解和掌握的。采用列表法、画图法或列举、数形结合等方法引导学生根据图表较为完整、准确地说明算理。而方程法较易理解，但较难计算。在此过程中，让学生学会思考、分析、比较，可以让学生更加直观地感受假设法的优越性。

三、自主练习　拓展应用

小结：孩子们，这节课我们用了列表法、画图法、假设法和方程法四种方法去解决鸡兔同笼问题，你觉得哪种方法更好？以后我们解决这类问题时，可以选择自己喜欢的、简单的、有效的方法去解决。

1. 学生自行解决古代数学题。（出示鸡兔同笼课件。）

2. 学生展示并汇报解题过程，并做简短解题思路说明。

四、数学文化　阅读提升

播放视频：古人解决鸡兔同笼问题的方法——吹哨法。

5只鸡和兔关在一个笼子里，假如鸡和兔接受过训练，吹一声口哨，它们都抬起一只脚，这时还有14-5=9只脚立着；再吹一声哨，它们又抬起一只脚，这时鸡都一屁股坐地上了，兔子还有两只脚立着。此时还有9-5=4只脚在站着，而这4只脚全部是兔子的脚（每只兔子2只脚站立），所以兔子有4÷2=2只，鸡有5-2=3只。其实古人解决鸡兔同笼问题还有很多种办法，有兴趣的同学课后可以继续研究。

设计意图：通过对比优化，学生能运用所学的知识去解决古代鸡兔同笼问题；同时，通过介绍古人解决鸡兔同笼问题的有趣方法，创设课堂教学文化氛围，渗透数学文化，提高学生探究数学阅读问题的热情。

五、自我反思　总结评价

愉快的时光总是短暂，一节课已经接近尾声。同学们，想一想，你有哪些收获？你觉得自己本堂课表现怎么样呢？和同学们说一说，看谁的收获最大。

《分数乘分数》教学设计

济南市莱芜区汶源学校　李　娟

教材分析：

分数乘法意义的两个解释：

1. 分数乘整数的意义与整数乘法的意义相同，表示求几个相同加数和的简便运算。

2. 一个数乘分数表示求一个数的几分之几是多少，是整数乘法意义的拓展。

综述：分数乘法意义的第2条解释是本课新认识，也是核心认识。

学情分析：

由于学生在第一课时中学习了分数乘整数，对分数乘整数的意义和计算方法有了一定的了解，所以学生不会因为没有认知基础而无从下手。相对而言，学生对于求一个整数（非0）的几分之几是多少，只要平均分一次就可以了，易理解，易操作。但对于本节课的重点——分数乘分数这个知识点，得先用平均分的方法找出第一个分数，再用平均分的方法从第一个分数中找出第二个分数。对学生来说有一定的难度。因此，教学时教师要充分利用教材中的直观图示，借助“数形结合”的方法，分析和理解分数乘分数的意义，引领学生在合作探究、交流质疑中寻找破题策略，得出分数乘分数的计算方法，突破教学难点。

教学目标：

1. 结合现实情境和直观图示，理解一个数乘分数的意义，探索并掌握一个数乘分数的计算方法，理解算理。

2. 在操作、观察、归纳、反思等活动中，提高发现和提出、分析和解决问题的能力，发展合情推理的能力和演绎推理的意识，培养学生规划、反思意识。

3. 经历一个数乘分数的意义和计算方法的探索过程，渗透数形结合思想，积累研究分数问题的数学活动经验，获得成功的学习体验。

教学重难点：

理解一个数乘分数的意义；理解并掌握分数乘分数的算法。

教学过程：

一、创设情境，自主探索

出示课件情境图。（见图1）

图1　分数乘分数课程课堂演示1

师：在学校举行的“小手艺展示”活动中，王芳同学获得了“编织能手”的称号，她每小时能织$\frac{1}{5}$米长的围巾。

师：从图中你发现哪些数学信息？你能提出什么数学问题？

预设1：王芳2小时能织围巾多少米？

预设2：王芳$\frac{1}{2}$小时能织围巾多少米？

预设3：王芳$\frac{2}{3}$小时能织围巾多少米？

……

师：怎样列式？

学生口头列式，教师板书算式。

师：要求2小时能织围巾多少米，为什么用乘法呢？

预设：要求2小时织围巾多少米，就是求2个$\frac{1}{5}$米相加是多少，用$\frac{1}{5}\times2$，结果得$\frac{2}{5}$。

师：观察后面两个算式与第一个算式有什么不同？

预设：第一个算式是分数乘整数，后两个算式是分数乘分数。

师：这节课我们就一起来研究一个数乘分数。

二、理解意义，体会算法

（一）用画图的方法研究$\frac{1}{5}\times\frac{1}{2}$

1. 规划研究方法。

师：要求“$\frac{1}{2}$小时能织多少米围巾”为什么用乘法，你是怎样想的？

引导学生说出数量关系：每小时织的米数×时间=织的总米数。

师：对于分数乘分数这个新问题，你想用什么方法开始我们的研究？

小结：我们就从画图开始今天的研究。如果用一个长方形表示1米长的围巾，要画图表示$\frac{1}{2}$小时织多少米，应该先画什么，再画什么？想好之后小组合作在图中画出来。

2. 小组合作。

学生尝试画图，教师巡视指导。

3. 展示交流。

师：怎样表示$\frac{1}{5}$米？

预设：用长方形表示1米长的围巾，平均分成五份，把其中一份涂色就表示$\frac{1}{5}$米。

师：那$\frac{1}{2}$小时织多少米，应该怎样画？

通过交流，使学生明确$\frac{1}{2}$小时表示1小时的$\frac{1}{2}$，每小时织$\frac{1}{5}$米，那$\frac{1}{2}$小时织的米数就是再把涂色的$\frac{1}{5}$米平均分成两份，取其中的一份，也就是求$\frac{1}{5}$米的$\frac{1}{2}$是多少。

4. 课件演示（见图2）。

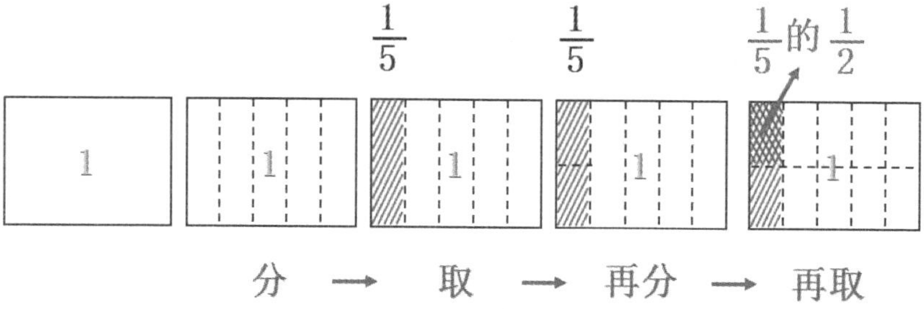

图2　分数乘分数课程课堂演示2

规范过程，明晰意义，初步感知算法，引导学生结合图形理解$\frac{1}{5}\times\frac{1}{2}$表示求$\frac{1}{5}$的$\frac{1}{2}$是多少，通过看图知道结果得$\frac{1}{10}$。

（二）用画图的方法研究$\frac{1}{5}\times\frac{2}{3}$

师：你能画图表示$\frac{1}{5}\times\frac{2}{3}$这个算式吗？

学生画图，展示交流。

课件演示（见图3）。

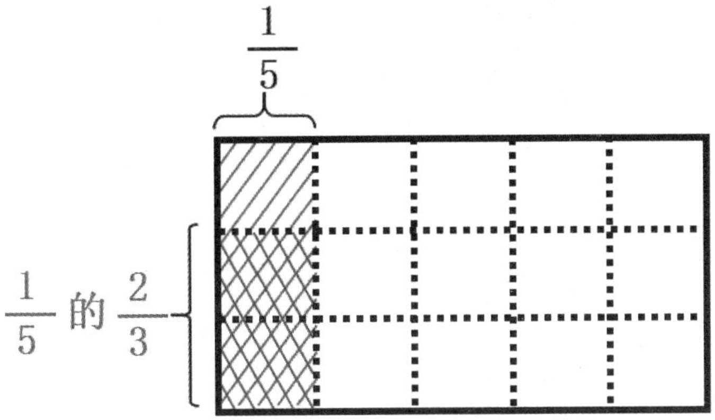

图3　分数乘分数课程课堂演示3

小结：$\frac{1}{5}\times\frac{2}{3}$表示求$\frac{1}{5}$的$\frac{2}{3}$是多少，通过看图知道结果得$\frac{2}{15}$。

（三）拓展延伸

师：李丽是手工编织比赛的冠军，她每小时能织$\frac{3}{4}$米，$\frac{3}{4}$小时织多少米？

学生列式并画图理解意义和结果。

课件演示（见图4）。

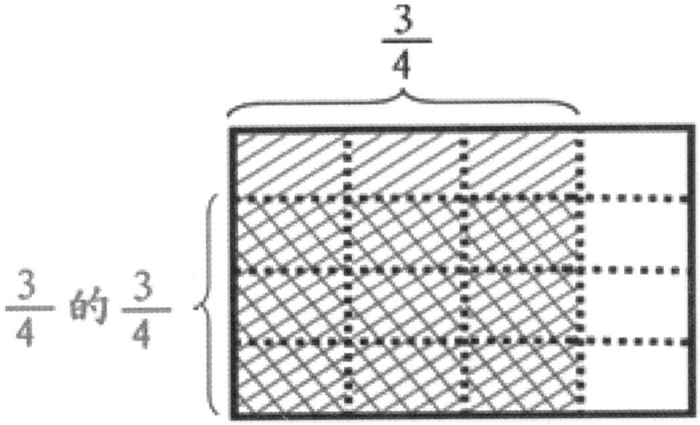

图4　分数乘分数课程课堂演示4

小结：$\frac{3}{4}\times\frac{3}{4}$表示求$\frac{3}{4}$的$\frac{3}{4}$是多少。

（四）总结分数乘分数的意义

观察$\frac{1}{5}\times\frac{1}{2}$、$\frac{1}{5}\times\frac{2}{3}$、$\frac{3}{4}\times\frac{3}{4}$这几个算式的探究过程（见图5），你发现了什么？

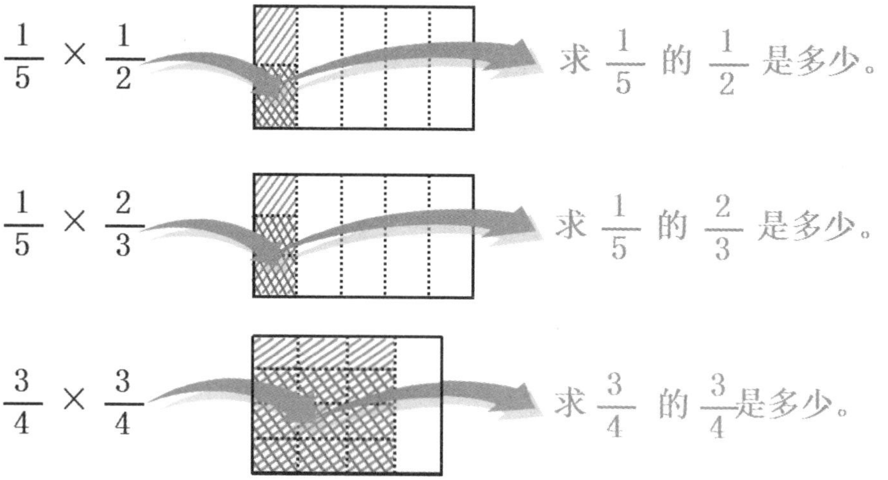

图5　分数乘分数课程课堂演示5

引导学生总结：一个数乘分数，可以看作是求这个数的几分之几是多少。

三、猜想算法，理解算理

（一）猜想算法

师：你能画图研究$\frac{7}{125}\times\frac{3}{8}$的结果是多少吗？

预设：不好画，125太大了。

师：其实我们的数学学习不能老是停留在画图上，还得要探索一种更有效、更通用的方法，有什么更好的方法吗？

学生猜测：分母乘分母，分子乘分子。

师：这个猜想是不是正确呢？还得需要验证。

（二）验证算法

出示题目$\frac{4}{7}\times\frac{3}{5}$，让学生用画图的方法进行验证。

教师结合课件演示画图过程（见图6），验证算法。

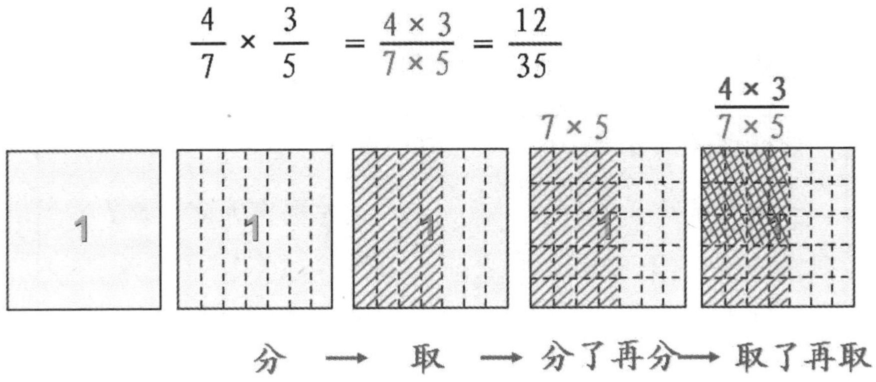

图6　分数乘分数课程课堂演示6

（三）明晰算理

师：回想我们的验证过程，想一想，分母相乘表示什么？分子相乘又表示什么呢？

课件呈现刚才研究的两道算式（见图7），引导学生归纳算法。

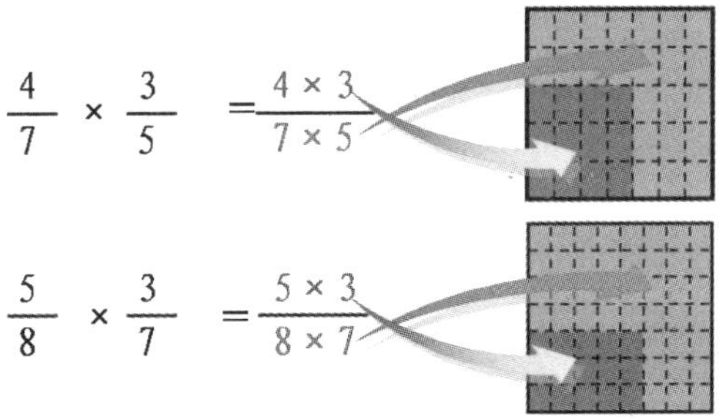

图7　分数乘分数课程课堂演示7

小结：分数乘分数的计算方法，分子和分子相乘的积做分子，分母和分母相乘的积做分母，能约分的要约分。

解决教材中的问题：王芳$\frac{8}{15}$小时能织多少米？

学生独立完成，交流时重点关注学生是否进行约分及约分的书写格式。

四、巩固练习，运用新知

（一）读一读，填一填

一瓶饮料重$\frac{1}{2}$千克。

$\frac{1}{2}$瓶重多少千克？

列式：（　　）×（　　）

表示求$\frac{1}{2}$千克的$\frac{(\quad)}{(\quad)}$。

$\frac{2}{3}$瓶重多少千克？

列式：（　　）×（　　）

表示求$\frac{1}{2}$千克的$\frac{(\quad)}{(\quad)}$。

分数乘分数课程课堂演示8

（二）数学阅读

《九章算术》中的分数乘法

《九章算术》是中国汉族学者古代的第一部数学专著，是算经十书中最重要的一种，当时世界上最先进的应用数学，它的出现标志中国古代数学形成了完整的体系。

该书内容十分丰富，系统总结了战国、秦、汉时期的数学成就。同时，《九章算术》在数学上还有其独到的成就，是世界上最早提到分数问题，系统叙述分数四则混合运算的著作。以下是《九章算术中》中有关分数乘法的叙述：

今有田广七分步之四，从五分步之三。问为田几何？

答曰：三十五分步之十二。

又有田广九分步之七，从十一分步之九。问为田几何？

答曰：十一分步之七。

又有田广五分步之四，从九分步之五。问为田几何？

答曰：九分步之四。

乘分术曰：母相乘为法，子相乘为实，实如法而一。

你能说说“为田几何”是怎么算出来的吗？

五、课堂回顾，总结提升

师：同学们，通过本节课的学习，你有什么收获？

引导学生从知识、方法、情感等方面谈收获。

知识：一个数乘分数，可以看作是求这个数的几分之几是多少；分数乘分数，其实就是把两个因数分子相乘的积做积的分子，把两个因数分母相乘的积做积的分母。

方法：通过画图来探究新知识。

情感：感受数学与生活密切联系。

带领学生回顾本节课的学习过程，积累数学活动经验。

教师总结提升：今天这节课，我们通过画一画、涂一涂等方法理解了一个数乘分数的意义，通过比较、分析、猜想并验证了一个数乘分数的计算方法。老师想告诉大家：多观察，勤动手，学做有心人，你就会收获很多！

小学数学阅读教学案例反思探析

济南市莱芜区汶源学校　陈晓慧

阅读教学可以促进数学教学优质发展，在思辨能力较强的小学数学学科教学中显得尤为重要。数学阅读教学符合小学生认知情况、小学数学特征和小学数学教师的成长需求。在实施这一教学方法过程中，主要考虑教师教育理念、授课类型、小学生学习情况以及学校整体教学氛围等因素。因此，数学阅读教学，在实施过程中，需从教师、教学计划和小学生等三个方面安排，促进小学生理性思维的发展。

一、教学案例

观摩了小学四年级一节数学阅读教学课，教学内容是四年级数学上册《三位数乘两位数》信息窗2：已知速度、时间和路程三者的定义和关系。教学过程，由学生齐读后发现题目中的数学信息，教师引导学生汇报数学信息并通过数量关系式计算得出结果。全班学生齐读关系式：速度×时间=路程，路程÷时间=速度，路程÷速度=时间。教师带读书本上的定义：一共行了多长的路，叫作路程；每小时（或每分钟等）行的路程，叫作速度；行了几小时（或几分钟等），叫作时间。

二、案例反思

本节课选《三位数乘两位数》，本节课时为第三课时，主要通过体现实际生活应用习题案例来学习三位数乘两位数的算理和数学公式。应用题案例以数学语言叙述，需要小学生通过阅读摄取信息。整节课，授课教师很重视数学阅读教学：一是复习回顾知识，让学生回忆背诵数学公式并复述的方式。二在教学应用题型时，首先让全体学生读题目找信息，即是让学生找到解题关键、找到条件，全体同学齐读后，个别同学汇报信息。三是通过对关键信息的解读来学习新的知识点，再让学生读定义。四是让学生读数量关系式，熟读会背诵。教学过程中教师有意识地培养学生良好的阅读习惯，有方法地提升学生解决数学问题的能力，有目的地加深学生运用正确的数理逻辑的体验。

三、数学阅读教学的内涵

阅读是获取、加工材料，摄取信息的过程，以理解为核心的认知。透过数学现象看本质，根据条件得出结论等逻辑推理的过程即理解。阅读是自我学习知识的重要学习方式。朗格朗的终身学习教育需要通过学会阅读来实现。解决数学应用到生活实际问题离不开数学阅读。数学阅读分为浅阅读和深读两种。浅阅读停留在浅见的、浅显的层面上，而深读则是需要在发挥学生的主观能动性的基础上发现数学信息、探求数学问题。数学阅读就是通过数学文本获取数理知识、理解数量关系、感知空间结构变化的过程。数学阅读教学，即主要体现在教师的教和学生的学对文本获取数学信息的智育活动。

四、小学数学阅读教学的学理分析

很多小学生由于数学阅读意识还没有形成、数学阅读习惯还未培养，未能掌握良好的数学阅读方法。对于应用题的信息看不懂题目条件、看不出逻辑关系，这些都说明部分小学生的阅读能力较弱。同时，很多教师对数学阅读教学没有足够重视，在教学过程中常常呈现“为了解题而解题”的现象。现从以下两个方面进行小学数学阅读教学学理分析。其一，从认知情况分析来看，数学阅读教学符合小学生实际认知规律的发展。其思维主要呈现出具体性和形象性等特点，求知欲强烈，受学习经验和内容的影响，学生的学习迁移能力还不够强，学习方法方面掌握简单的推理方法，学习习惯还处于塑型时期。小学数学阅读教学符合小学生身心发展的特点和认知规律。其二，从小学数学特点方面来看，小学数学主要包含了数的认识，数的关系，简单的图形问题等，让小学生对数学有了基本的初步认知，教学内容和方式贴近生活，便于学生对知识的迁移。但表达数学语言比较抽象，因此，教学方式大多选择直观教学，教学选取简单的、联系学生已有的经验内容，数学知识大多需要详细的文字解释。小学数学的知识点适合用阅读教学，同时通过阅读教学有效地完成教学任务、实现教学目标。

五、实施小学数学阅读教学的考虑因素

实施小学数学阅读教学主要受教师教育理念、授课类型、小学生学习情况、学校整体教学氛围等因素的影响。

（一）教师教育理念的影响

教师的教育理念，教师对阅读教学的理解，渗透在其教学计划和课堂组

织之中，决定课堂教学过程时间的分配、方法的选择、问答设置、互动交流。教学穿插数学阅读教学，可以便于教师更好地关注学习相对较困难的学生，增强小学生数学的理解能力，发挥他们的主观能动性，提升他们独立思考的能力。

（二）授课类型的影响

数学阅读教学受教学内容的影响，主要表现在授课类型的不同，这种教学方法所占教学时间分配就不一样。按照授课类型可以把数学课划分为：讲授课、复习课、习题课和试卷讲评课。讲授课和复习中教学设计时可安排一定的时间运用数学阅读教学的方法，使学生在理解的基础上促进逻辑思维的运转。习题课和试卷讲评课主要讲解题目，但教学过程中应用数学阅读教学方法需要根据具体题目安排，典型问题着重用这一方法去分析，加深印象。

（三）小学生学习情况的影响

小学生原本的数学基础、数学思维、数学认知结构、阅读心理、阅读习惯、阅读方法等学习情况都是数学阅读教学实施考虑的因素。学生原有的数学基础是他的知识储备，数学阅读教学需要联系学生已有知识经验才能对新知识产生认知。小学生的数学逻辑思维影响着思考数学问题的方式，实施数学阅读教学需要根据学生的思维方式、数学认知结构具体安排。学生的阅读心理对阅读是否有兴趣，是否排斥、抵触。

（四）学校整体教学氛围的影响

从教学环境来看，学校的整体教学氛围潜在地影响着数学阅读教学是否可以顺利实施。一般而言，学校的同一学科教学风格相似，所以一所学校数学教学的主要方式是以讲解教师为主还是学生自主学习抑或二者参半，决定着数学阅读教学是流于形式还是可以顺利实施。因此，不同的学校教学氛围不同，所实施的数学阅读教学情况也不一样。

六、合理安排小学数学阅读教学的策略

实施小学数学阅读教学主要从以下几个方面展开阐述。

（一）提升教师核心素养，打造数学阅读教学共同体

阅读教学作为一种方法，教师对阅读教学的理解渗透在教学组织过程中。小学数学课堂阅读教学离不开教师的正确指引。为了实现更好地教，教师需要不断提升自我的核心素养。学校打造数学阅读教学共同体，让数学老师在集体的帮助下加深对数学阅读教学的学习和理解。加强数学阅读教学，减少师生课堂交流误解。通过集体备课、互相听课、多次磨课，带动学校教学氛围，促进数学教学优质化，落实数学阅读教学。

（二）完善数学阅读教学设计

小学数学课堂教学中，如何把数学阅读教学设计其中并付诸实施尤为重要。进行课堂教学环节预设，对阅读教学时间的安排，要注意追求解决问题的同时效率不能太低。教学计划中运用阅读教学方法要适当，计划一定的时间，太短或次数太多则不能达到原有的效果。首先，需要正确解读数学语言，再结合问题训练。其次，让学生在阅读的过程中把关键信息标注记号。学生掌握了具体的信息条件，弄清需要解决什么问题，标记的过程就是学生思考的过程。长期坚持下来，学生阅读习惯养成，解决问题的思路清晰。

（三）培养小学生的阅读习惯

小学生只有明确学习数学的实际意义才能自觉地发展或被培养数学阅读意识。激发其阅读动机，通过培养阅读兴趣和鼓励性评价相结合的方式。引

导其学会正确的阅读方法，不断地提升阅读能力。小学数学阅读教学是一个需要长期坚持的教学方法，“教是为了不教”，让学生学会学习，才能获得自主发展。在分析数学阅读教学实施影响因素的过程中，加深对其认识，让数学阅读教学真正地得以实施。从教学的本质论上，数学阅读教学能使学生的核心素养得到发展。

后记

汶源学校，那些优秀的数学老师

济南市莱芜区汶源学校　朱荣梅

2004年，我和泰安莱芜几位诗友一同去北京拜访著名艺术家乔羽先生。当时，他热情接待了我们，并给我们讲述了自己的很多创作故事。他重点谈到创作《难忘今宵》和《思念》两首歌词的经历。他说，《思念》的歌词，从酝酿到构思到完成，大概用了两年时间，那份思念才羽化成蝶，广为传唱。创作《难忘今宵》，他用了不到半小时，虽然时间短，但作为春晚的经典曲目，至今深受大家喜欢。当时我想，好作品，有时候需要漫长等待；好作品，有时候也可以一蹴而就。我想，教师也是一样。好老师，有时候需要慢慢成长，才能一路春风，驾轻就熟，有些好老师，虽是小荷初露，也可以一出惊人，举重若轻。汶源学校，就有这样一群老、中、青完美结合的优秀老师。今天，我就说说汶源学校那些优秀的数学老师。

赵翠校长和数学组的老师们准备出书，让我写一篇后记，我内心惶恐，但仍欣然接受。作为只有一年多数学教学经历的我来说，谈对数学的看法，我可能很稚嫩肤浅，但我愿意从一个旁观者的角度，和大家分享一下我对汶源学校那些数学老师的印象和感受。

2009年，我走进汶源学校，开启了我的教学之路。汶源，是一个神奇的地方，走进这所学校，你会身不由己地热血澎湃，你会情不自禁地心无旁骛。在这里，从来不缺少优秀，从来不缺乏认真，从来不缺乏热情……在这方土地上，你看到最多的是老师们忙碌的身影，你看到最多的是老师期待的目光，你听到最多的是老师的谆谆教诲。

2010年，因为工作需要，我成了一名数学老师，对于我这个初入教坛的文科生来说，是个巨大的挑战。当时，一接到通知，我辗转反侧，思绪万千，很难想象自己如何独自面对50多个叽叽喳喳的孩子，很难想象一直沉醉于诗词歌赋的我，如何给他们清晰地讲解加减乘除……最初的数学课堂，我手忙脚乱、不知所措，是赵翠校长教我怎样管理班级，教我分析教材，挖掘重点……是其他数学老师给我打气鼓励、分享经验，我才有勇气和信心站在数学课堂上。在一年的数学教学时间里，我认真备课，积极听课，和同事们交流学习，使自己的教学水平不断提高……虽然我没有成为一名优秀的数学老师，但是从汶源那些数学老师的身上，我学到了很多宝贵的教学方法和课堂管理经验，这使我受益终生，也不断运用于我后来的教育教学中。

在赵翠校长的带领下，十五年来，汶源学校数学团队不断壮大，也逐渐成长起一批年富力强、勤恳务实的中坚力量，同时，迅速成长起一批朝气蓬勃、勇于创新的青年教师。他们让汶源的数学课堂像大海，有深度，包罗万象；让汶源的数学课堂像溪流，有温度，涓涓流淌；让汶源的数学课堂像清泉，有态度，喷涌而出……汶源学校，因为有他们，课堂不仅有魅力，也更有光芒。陈晓慧老师的课堂铿锵有力，卞君英老师的课堂春风化雨，康洁老师的课堂慷慨激昂，谢文秀老师的课堂妙趣横生，刘斐老师的课堂娓娓道来，李娟老师的课堂回味悠长……还有王会老师的言简意赅，程英歌老师的深入浅出，徐蓉老师的循循善诱……都给我留下了深刻的印象。那些正值青春年华的老师，也让我惊叹不已。神采飞扬的何娜，侃侃而谈的何珊，滔滔不绝的苏婷，声情并茂的张德芸，还有很多很多我没有听过他们的课，但同样优秀的数学老师，都在为汶源的孩子们默默耕耘、无私付出，他们正在为孩子们认真地播下一颗颗思维的种子，让他们生根、发芽、开花、结果。每一个认真的汶源人，都值得被尊重。每一位努力的老师，都值得被赞美。我愿意做那个记录者，我愿意做那个写作者，为汶源的老师们写一篇赞美的文章。

每一年，汶源学校都会走进一批新老师，每一年，汶源都在敞开宽大的胸怀，迎接一个个新成员。汶源的队伍在不断壮大，每一位新来的老师，都成为汶源的新鲜血液，流淌在汶源的每一寸肌肤里。祝愿，汶源的每一节课堂都津津有味，祝愿汶源的每一个孩子，眼里都闪闪发光，祝愿汶源学校的每一天都阳光温热，岁月静好。更祝愿，汶源的每一位老师，不断努力，抒写更美好的篇章。